基本の調理技術から応用の考え方まで。

本格イタリア料理の技術

● 今井 寿 ＋ 谷本英雄 [著]
　タベルナ・アイ　　タニ コーポレーション

旭屋出版

イタリア料理を取り巻く環境は、大きく変わってきている。
料理の"背景"を含む基礎を大切に、新時代の料理への取り組みを！

『タベルナ・アイ』
今井 寿氏

×

『タニ・コーポレーション』
谷本英雄氏

食材を中心に大きな変化。それを活かすには

谷本 2017年で、僕が料理の世界に入ってもう40数年になります。最初はフランス料理、それから地中海料理、その後にイタリア料理に移りました。まだイタリア料理ブームの前のことです。もう料理人として過ごすうちの、9割以上をイタリア料理にかかわったことになります。

今井 僕は21歳が料理人としてのスタート。フランス料理、ドイツ料理を経て、ホテルのイタリア料理店に移ったのが28歳の時でした。30年前のことです。今の人たちには想像もつかないでしょうが、その頃は厨房にいても、鍋を研ぐか、ペペロンチーノの種を取るか、にんにくの皮をむいているしか仕事がありませんでした。それほどお客が少なかった。

谷本 本当に、今とはまるで時代が違いました。レストランといえばフランス料理が主流でしたから。

谷本英雄氏

今井 その頃から比べると、ブームを境にしてイタリア料理へのお客様の関心は大きく変わりました。さらに、最近になってイタリア料理店を取り巻く環境が、一段と大きく変わってきていることを実感します。

谷本 そうですね。2000年を超えて以降、特にここ10年で、ものすごく変わったと感じます。例えば無農薬の野菜が本格的に出回り始めたのも、その頃からの変化です。実はわたくし事ですが、それとちょうど同じ頃から沖縄にも活動拠点を据えて、イタリア料理に携わる仕事はもちろんですが、飲食店の枠を超えて食材の卸の仕事をするようになりました。それもあって、食材はいつも気になります。

今井 そういえば、いつだか谷本さんから沖縄産だといって、普通のものよりも大きくて細長く青いレモンを送っていただいて、驚いたことがありました。沖縄にはまだ知られていない食材がたくさんあるみたいですね。

谷本 石垣島でほんの少人数の農家の人が作っているレモンで、南イタリアのレモンのように香り高く、しかも種がなくて味の濃いレモンです。沖縄にいると、東京でも見たことのないような食材にいろいろと出会います。この10年でも、新しい食材に次から次へとたくさん出会えて覚え切れないほどで、今でもわくわくします。

今井 沖縄産以外にも、各地で農家が生産に力を入れるようになり、地方の食材が見直されるようになってきています。以前なら、長さも大きさも同じきれいなものが多かった。今は形はいろいろでも、味のいいものが手に入るようになりました。イタリアの野菜もいいものが多いのですが、それに負けず劣らずの国産野菜が増えていると感じます。

谷本 そうした食材をイタリア料理として使いこなすには、やはり基礎を知らないと「何これ？」で終わってしまう。

今井 基礎を知っていれば、「この種の野菜はイタリアではこう使っている」とか、「イタリアには無いけれど、似た味わいの素材ならあるから、それならあの素材と組み合わせできる」とか、応用ができます。でも基本を知らないと、変化を付けるときに"逃げ道"がないんです。

谷本 それでは、イタリア料理から離れた創作料理になってしまう。

料理だけでなく、その背景も含めて知ることも

谷本 僕がイタリア料理の世界に入った頃は、ブームの前で周囲に情報がなかったから、日本に来たイタリア人シェフに聞いたり、本で調べたりして懸命に勉強しました。でもイタリアに行って、あまりの違いに「今まで日本でやってきたことは何だったのか」と愕然としました。でもそれと同時に、イタリア料理の調理法が納得できるようになりました。それで、イタリア料理をもっともっと知りたいと思うようになりました。

今井 僕は初めてイタリアに行ったとき、家庭でおばあちゃんに作っていただいた料理に感動しました。それまでの日本で全く知られていなかった素朴なパスタを、家庭のおばあちゃんが作っている。奥が深いと感じました。

谷本 イタリアの料理をもっと理解したいと、イタリアでもたくさんのシェフに料理のことを尋ねたりしていました。そうしたことがきっかけで、アルトゥージ協会の人との交流もで

今井 寿氏

き、そこから著名なシェフとも知遇を得るようになりました。そうした交流もあって、今年（2017年）2月に、友人シェフの料理研修のお手伝いで、イタリアへ行ってきました。現地にはアルトゥージ協会をはじめ長年親交のある友達のシェフがいますので、そこの厨房で本場のイタリア料理の現状を学んできました。

今井 イタリアでは、日本の繊細な盛り付けに関心が高いですよね。

谷本 イタリアの感性との違いに関心があるようです。盛り付けや付け合わせに変化を出す店が増えていて、刺激を受けました。ただ、表面上は変化させていても、基本的なところは昔から変わらず伝統を守っている。イタリアのシェフは、学校で料理以外に、薬学や歴史なども学んで卒業した人が多いので、料理の変化の意味が分かって作っているからです。歴史やその料理ができてきた道筋も、料理の個性の一つなのです。

今井 日本でも、ワインの世界では、ソムリエになる際に歴史や伝統、作り方などを覚えます。でも料理の世界は、なかなかそうした視点でとらえることが少ないですね。僕は谷本さんと知り合って、勉強にななりましたが。

谷本 生ハムにしても、ビネガーにしても、そのルーツや作り方に関心を持つ。お客様に質問されても、おおよそのことは説明できるように勉強する。そこから、新しい発見もありますし、逆に道筋を誤まる危険も防げることができます。

今井 イタリア料理を仕事としてやっている以上、イタリアの食材や伝統的な料理に対する知識は必要ですね。

谷本 例えば、アーリオ・オーリオ・エ・ペペロンチーノ。この料理は、あまりにシンプルすぎてお金がとれない。だからといって、エビを入れたり野菜を入れたり、あげくはお客様から「辛いのがダメ」と言われて唐辛子を外してしまったり。そこまでくると、これは全くの別物としないと意味が違ってきます。

今井 お客様からの要望に応えるだけでは、イタリア料理としての軸がぶれてきてしまいます。でも知識があれば、「それならこういう料理がありますよ」と、逆に提案できる。我々はイタリア料理ブームがなかった頃から、イタリア料理を始めました。それからブームを経験してきて、今は「何でもあり」の時代になったと　感じます。そうした変化を見て危うさを感じるだけに、これからのシェフには軸が崩れないようにしてほしいと感じています。

谷本 また、店名に「××料理」と地域名を掲げるのもいい。ところが日本のお客様は、いろいろなものを食べたい人が多い。そのため、せっかく地域料理の名を掲げているの

に、別の地域の料理も出すことは多いもの。

　今井　確かに。海外に行って日本料理の店に入ったときのことを考えてほしい。「京料理」と書いてあっても別の地域の名物料理があったら、「この店はいい加減だな」と感じるのは、日本人では当たり前と思います。

　谷本　それなら、あえてメニュー表に「ここは◎◎料理」と別コーナーを設けたりと工夫すればいい。せっかく地域名を掲げているなら、それを大事にしてほしいですね。

オリンピックに向けて、イタリア料理としての個性と魅力を

　今井　僕は、サルティンボッカやオッソブーコなど、伝統的な料理を出す店が少なくなってきているのも、少し寂しい感じがします。新しい料理が悪いというわけではないのですが、それだけでなく、イタリアの地方地方に伝わる素晴らしい料理にも、もっと光を当ててあげてほしいですね。

　谷本　進歩はいい。特に日本では変化や流行を重視する向きもありますから。新しい技術や知識を取り入れて、それぞれの考え方で新しいイタリア料理を作るという試みも大切です。その時、ベースとして元の料理を理解した上でのチャレンジが重要なのです。そしてさらに、その変化の意味も後輩にうまく伝えていってもらいたい。

　今井　シェフ1人だけで終わってしまうと、その時点だけで断ち切られてしまいますから。下の人や誰かに継承していってほしいですね。

　谷本　特に、2020年にオリンピックを迎えるに当たって、世界中から大勢のお客様が見えられます。イタリア人や、イタリアに精通した外国人も来る。だからこそ、イタリア料理店をはじめ各国料理は、もっとはっきりと個性を打ち出していくべきではないかと思います。先ほど今井さんが言った海外の京料理の店の話と同じで、例えばイタリア人が来て「北イタリア料理の店」に入ったら、タコのルチアーノ風があったとなると、やはりおかしいと感じますから。

　今井　若い時は、古くから伝えられ完成された料理よりも、見栄えのいい料理に目が行ってしまうものです。それに、昔と違って情報があふれている時代ですから、逆に僕からすると、何かを知りたい・得たいという切実な想いが、少し物足りない感じもします。

　谷本　他人の知らないことを知っていることは、面白い。それだけではなく、仕事の役にも立ちます。料理に携わって、普通の生活では知ることができなかったことをいろいろと教わり、今だに新しい発見もあります。だから今の仕事をしていても、「料理をやっていてよかった」と思います。

　今井　僕もそう思います。料理はやっていて楽しい。一生現役でいたいですね。一生できる仕事だと思います。見栄えや流行は、一瞬人気が出て取材も増えるが、長続きしない。それを追いかけ続けるのは大変です。だから基礎を大事にして、時代の変化にも揺るがない魅力を確立してほしいです。

　谷本　イタリア料理の基本・考え方を大切にしてほしいという意味でも、イタリアの厨房で学んだ技法や知恵を紹介したこの本を、参考にしていただけると嬉しいですね。

本格 イタリア料理の技術　[目次]

002 | イタリア料理を取り巻く環境は、大きく変わってきている。
料理の"背景"を含む基礎を大切に、新時代の料理への取り組みを！

010 ▶ ANTIPASTO

012 ……加工肉の前菜
012 | 生ハム モッツァレラ添え
013 | 桃のマスカルポーネチーズ詰め 生ハム添え
014 | クラテッロ・ディ・ジベッロ
015 | 生ハムのソーセージ風

016 ……ゼリー寄せの前菜
016 | コッパ ロマーナ
017 | タコとドライトマトのゼリー寄せ

018 ……自家製加工食品の前菜
018 | ラルド
019 | 鹿のブレザオラ
020 | マグロのブレザオラ
021 | マグロのブレザオラ
022 | ヒコイワシの酢漬け／マグロの酢漬け
024 | フレッシュトンノ バジリコマヨネーズかけ

026 ……野菜の前菜
026 | 野菜のタリアテッレ パルミジャーノ添え
027 | 黒オリーブのパテ
028 | グリル野菜のマリネ シチリア風
029 | ウンブリア地方のパンのサラダ アクアコッタ
030 | 野野菜のテリーヌ テアトルヴェルディソース
031 | ロシア風サラダ
032 | なすのタルタル マグロのボッタルガ添え
034 | ポルチーニの鉄板焼き
035 | ポルチーニのポルペット
036 | ポルチーニのパイ包み焼き

037 | 茸のパルフェ トリュフの香り

038 ……イタリア野菜の前菜
038 | ラディッキオ・トレヴィサーノとタレッジョのソテー
039 | 花ズッキーニの詰め物の蒸し焼き
040 | ホワイトアスパラガスの生ハム巻き ブロードと卵のクリームソース トリュフ添え
041 | グリーンアスパラガスの生ハム巻き クリームソース トリュフ風味
042 | お米を詰めたちりめんキャベツのインボルティーニ ブロード煮込み
043 | イタリア野菜の煮込み 田舎風

044 ……魚介の前菜
044 | 海の幸の海塩ボイル サルサ・ベルディ添え
045 | マグロのマリネ
046 | バッカラとじゃが芋のコロッケ
047 | シラスのゼッポリーネ
048 | メゴチのフリット
049 | イソギンチャクのフリット
050 | ウナギのテリーヌ サパと赤ワインのソース

052 ……肉の前菜
052 | 鶏ムネ肉とレーズンのカレー風味
053 | 鶏モモ肉のサラダ仕立て
054 | ホロホロ鳥のサラダ レモン風味
055 | 鳩のパテ 白トリュフ添え
056 | カエルのフリット
057 | 仔羊と野菜の串揚げ サフラン風味

058 ▶ PRIMO PIATTO

060 ……ソースの濃度と茹で時間
060 | 紋甲イカ足のカラマリ サレルノ風
061 | ペンネ ゴルゴンゾーラチーズ和え

062 ……パスタとソースとの相性
062 | ペンネのパイ
063 | 平目とトマトのペンネ

- 064 ⋯⋯ 味を高める、乳化の技術
  - 064 | 海の幸とフレッシュトマトのスパゲッティ
  - 066 | にんにくと唐辛子 オリーブオイルのスパゲッティ
  - 067 | 手長エビとピゼリーニのスパゲッティ
- 068 ⋯⋯ 茹でても、茹でなくても使えるパスタ
  - 068 | トマトとナスのラザニア
  - 069 | ボローニア風ラザニア
  - 070 | ナポリ風ラザニア
  - 071 | ナポリ風ラザニア
- 074 ⋯⋯ 手打ちパスタの技術
  - 075 | 卵入りパスタ生地
  - 076 | タリアテッレの打ち方
  - 077 | 主な卵入りパスタの配合／主な卵なしパスタの配合
- 078 ⋯⋯ 卵入りパスタの料理
  - 078 | タリオリーニ 赤貝とシブレットのアサリ風味
  - 079 | イカスミのタリオリーニ ヤリイカとポモドリーニ
  - 080 | ほうれん草のタリオリーニ 小海老とゴルゴンゾーラ
  - 081 | タヤリン（タリオリーニ）の野菜和え 白トリュフ風味
  - 082 | タリアテッレ 生ハムとバジリコ風味のバター和え
  - 083 | ほうれん草のタリアテッレ オマールエビのオリエンタル風
  - 084 | 白魚とピゼリーニのピリ辛タリアテッレ
  - 085 | カカオのタリアテッレ 猪のラグーとポルチーニ和え
  - 086 | 3色のタリアテッレ ミル貝の軽いクリーム和え
  - 087 | フェットチーネ カルボニーナ
  - 088 | ミラノ風 パッパルデッレ
  - 089 | ビーツのパッパルデッレ 手長エビとアスパラガスのソース
  - 090 | マリア アントニッタ風 キタッラ
  - 091 | バジリコのペースト和えキタッラ マッシュポテトのせ
  - 092 | ガルガネッリ セミドライトマトとフェンネル タジャスカ入り
  - 093 | ガルガネッリ ソーセージとトレビスの煮込み ソース和え
- 094 ⋯⋯ 卵なしパスタの料理
  - 094 | ちりめんきゃべつとじゃが芋のピッツォッケリ
  - 095 | ビーゴリ アンチョビと玉ねぎのソース
  - 096 | トマトソースとバジリコのピチ
  - 097 | トロッコリ メカジキとプチトマトのソース
  - 098 | カヴァテッリ 季節の白身魚とグリーンオリーブのソース
  - 099 | マロレディウス 小エビとういきょうのソース
- 100 ⋯⋯ スープパスタ
  - 100 | 海の幸入り フレーグラのミネストラ
  - 102 | ストラッチ・アッラ・メッテ・メッテ
  - 103 | トスカーナ風ほうれん草入りパッサテッリ
- 104 ⋯⋯ リゾット
  - 104 | パルミジャーノのリゾット
  - 106 | ナポリ風リゾット
- 108 ⋯⋯ ニョッキ
  - 108 | じゃが芋のニョッキ マスカルポーネのソース
  - 109 | リコッタのニョッキ そら豆とパンチェッタのソース
- 110 ⋯⋯ ズッパ・ミネストラ
  - 110 | リボリータ
  - 111 | マルタリアーティの入ったリボリータ
  - 112 | じゃが芋とパンのズッパ パンコット

114 ▶ SALSA

- 116 ⋯⋯ トマトソース
  - 116 | サンマルツァーノ種／ルンゴ
  - 117 | トンド／ポモドリーニ
  - 118 | ダッテリーニ種／ミニトマト
  - 119 | ナポリ風トマトソース
- 120 ⋯⋯ 挽き肉のラグー
  - 120 | ボローニャ風ラグー
  - 121 | ナポリ風ラグー
- 122 ⋯⋯ 他のソース
  - 122 | ベシャメッラ／バジリコソース
- 123 ⋯⋯ ブロード スーゴ・ディ・カルネ

126 ▶ SECONDO PIATTO

128 ⋯⋯ 肉料理
- 128 | 牛肉のタリアータ バルサミコ風味
- 129 | 牛肉のピッツァイオラ風
- 130 | 牛フィレ肉のステーキ 秋の味覚を添えて
- 131 | 仔牛フィレ肉のソテー マスカルポーネチーズとサクランボ風味のバルサミコ酢のソース
- 132 | サーロインの薄切りしゃぶしゃぶ仕立て 美食家ソース
- 133 | 牛肉のカツレツ ルネッサンス風
- 134 | 牛ホホ肉の詰め物の煮込み タスカ
- 135 | オッソブーコ
- 136 | 豚スネ肉のオーブン焼き バルサミコ酢と蜂蜜風味
- 137 | メディチ家風アリスタ
- 138 | 豚肉とキャベツの煮込み カッソーラ
- 139 | 豚の内臓の辛いトマト煮 ズッパ・フォルテ
- 140 | 仔羊のソテー アスパラガスとポルチーニのソース
- 141 | 仔羊のロースト バイオレットマスタード風味 キャンティワインのソースで
- 142 | 骨つき仔羊のグリル ビンコットとグリーンマスタードのソース
- 143 | 仔羊の腸の煮込み
- 144 | 若鶏モモ肉のパナダ詰め オーブン焼き
- 145 | ヴェネツィア風 ホロホロ鳥のロースト
- 146 | 鴨ムネ肉のイチジク詰め グレコ・ディ・トゥーフォとグリーンアスパラのソース
- 147 | 鴨と栗のロースト 蜂蜜と赤唐辛子のソース
- 148 | 鹿のロースト ヴェネツィア風
- 149 | 仔鹿の煮込み ポレンタ添え
- 150 | 野うさぎのフォンティーナチーズとの煮込み

152 ⋯⋯ 魚介料理
- 152 | 黒鯛の海塩焼き
- 153 | 白身魚とカラスミのサンティンボッカ
- 154 | 真鯛のホタテ貝のバッポーレ スプーマパタテ添え、トリュフ風味
- 155 | 舌平目のワイン蒸しとイワシのオーブン焼き
- 156 | アイナメの香草焼き ムール貝とミル貝のソース
- 157 | リーパリ風 カジキマグロの鉄板焼き ゴマ風味
- 158 | マスのソテー グラッパ風味のザバイオーネ添え
- 159 | サバのフィノッキオ詰めソテー 赤ワインと真っ赤なオレンジのソース
- 160 | ウナギのグリル サパのソース
- 161 | 焼きアナゴとアスパラガスのセミフレッド
- 162 | タラとじゃが芋のスフォルマート ドライトマトのフリット添え パプリカとルコラのソース
- 163 | プーリア風ズッパ・ディ・ペッシェ
- 164 | 地中海風 魚介類の軽い煮込み
- 165 | 魚介類の盛り合わせファンタジー
- 166 | 魚介類のクリーム煮 タルト
- 167 | 伊勢エビのボイル ボッタルガ添え
- 168 | 手長エビのラルド巻き パンのクロスタ
- 169 | 熊エビのラルド巻き ローズマリー風味 ヴェルデソース

172 ▶ PANE

- 173 | パーネ・フェッラレーゼ
- 174 | グリッシーニ
- 175 | ピアディーナ
- 176 | パーネ・パルミジャーノ
- 177 | チャバッタ
- 178 | パーネ・トスカーナ
- 179 | くるみパン
- 180 | スキャッチャータ
- 181 | パーネ・プリエーゼ
- 182 | パーネ・カラサウ

186 ▶ DOLCE

187 │ パンペパート(パンパパート)	198 │ なすとチョコレートのアマルフィ風
188 │ フルーツ入り ズッパ イングレーゼ	199 │ レモンクリーム アマレット風味
189 │ 果樹園風パンナコッタ ミント風味	200 │ ババ
190 │ ロビオラのタルト	201 │ プーリア地方の揚げ菓子 ペットレ
191 │ モンテビアンコ	202 │ シチリア風 カンノーリ
192 │ タリオリーニのタルト	203 │ ビアンコ・マンジャーレ
193 │ 栗のプリン	204 │ クルミのジェラート
194 │ 揚げドーナッツ ボンボリーニ	205 │ 松の実とチーズのトルタ
195 │ スフォリアテッレ	206 │ アルトゥージ博士風カッサータ
196 │ デリツィア・アル・リモーネ	207 │ ババロアの木苺のクレーマ添え
197 │ ナポリ風パスティエラ ヴァニラソース添え	

●ANTIPASTOのテクニック

025 │ 自家製リコッタ
033 │ 赤玉ねぎのオーブン焼き／ブロッコリーとポーチドエッグのスフォルマート トマトのマリネ添え
051 │ いちじくのマルメラータ カラメル風味／赤玉葱のマルメラータ

●PRIMO PIATTOのテクニック

065 │ 用意しておくと便利な道具・食材
105 │ 半炊きの技法
107 │ カプレーゼ風 リゾーニ
113 │ ミネストラ

●SALSAのテクニック

124 │ ビンコット／バイオレットマスタード
125 │ サクランボのバルサミコ酢漬け／モスタルダ

●食材のテクニック

072 │ ソフリット／アンチョビ
073 │ パンチェッタ
151 │ OLIOの活用法／ブーロ・モンタートの作り方
170 │ 香り出しに使ったにんにく／生ハムの皮・固い部分
171 │ 残ったパセリ／残ったワイン
208 │ フルーツと野菜の細工切り

●PANEのテクニック

183 │ 余った分の活用法
184 │ パンとトマトのスープ
185 │ パーネ・カラサウと仔羊のグラタン

211 │ 著者紹介
212 │ 奥付

※本書の材料に関して、卵はM玉を、バターは無塩バターを使用しています。E.X.V.オリーブオイルはエクストラバージンオリーブオイルの略です。大さじ1は15cc、小さじ1は5ccです。
※お店の調理機器の性能、調味料メーカーの味、また各種ブロードやサルサの味には違いがありますので、本書で表示した分量はあくまで目安と考え、お店の味に合わせて調整してください。
※料理によってはポーションを色々と変えられるものもありますので、人数分に関してはあえて表記していないところもあります。

ANTIP

「差をつける」
「個性を高める」
前菜の技術と知識

ワインを楽しむ人が多くなった今日ですが、同時にメイン料理まで届かない人も増えている時代です。ワインを勧めるためには、前菜料理の充実は欠かせません。パーティーの際にも魅力を発揮でき、さらには他店と差をつけるための、前菜の技術と知識を紹介しましょう。

ASTO

(ANTIPASTO ▶ 前菜 ● 「差をつける」「個性を高める」前菜の技術と知識)

▶▶▶▶ ロス食材の活用

前菜のバリエーションを増やすには、新しい食材に関心を示すのと同じほど、食材の再利用についても意識を高めることが大事です。日々の営業では、仕込みの段階で捨ててしまう部分、半端になって1人前の料理には使えない部分、保存中に見た目や食感が悪くなってしまった部分…などでロスはどうしても出てしまうもの。それを無駄に捨ててしまわず、前菜の一品として活用したいものです。イタリアの厨房では「Ricette con gli avanzi」といい、「半端な食材の再利用」の事を指します。日々のメニューづくりは冷蔵庫の中と相談しながら決めていくことは多いものです。この再利用の技法を知っていると、食材に無駄が出ませんので原価率も低く抑えられますし、パーティーに使える料理も作れます。経営面に大きく貢献する技術ですので、ぜひマスターして下さい。（谷本）

▶▶▶▶ 野菜への関心

健康に関心の高い人たちが多くなる、これからの前菜のテーマが、「Preparazione delle Verdure」（野菜の扱い方）です。肉が人気の今日でも、豊富な野菜の前菜でワインを軽く楽しむ人が圧倒的に多数です。そこで重要なのが野菜への関心です。特に最近では、日本でも有機などの質の高い野菜は入手しやすくなっています。さらに最近では、家庭では味わえないものがたくさん登場してきています。国内で生産されたイタリア料理もその一つで、見た目にも味わいでも楽しめます。さらに、イタリア産の冷凍野菜にも高品質の物が増えています。国産のものにはない濃厚な風味は、料理をより本場に近づける食材といえます。様々な野菜の個性を摑み、その味わいを引き出すにはどのような調理を行うか、高品質の野菜の扱い方が、これからの前菜料理のカギです。（谷本）

▶▶▶▶ 自家製という付加価値

ハム・ソーセージ類に、マリネや魚の加工品…。イタリア産の食材には、そのまま切るだけで前菜にできるものがたくさんあります。そうした食材を、自店で手作りしてみることで、店の個性を高めることにつながります。確かに、イタリアからの輸入品には、品質に優れるものがたくさんあります。私はこれらを否定するわけでも、活用に反対するわけでもありません。しかし本場の加工品の作り方を研究し、試行錯誤を繰り返しながら自店で作ってみることで、本場の食材の味の特徴や素晴らしさ、活用法を、より深く理解することができます。そこから、他店では決して味わえない味を作り出すことができ、店の"名物"にすることもできますし、そうした味作りの幅を研究することで、他の食材への応用もきくようになり、前菜メニューを広げていくこともできるのです。（谷本）

▶▶▶▶ メイン料理への期待を持たせる内容

一般に前菜は、お客様が最初に口にする料理です。そこで前菜メニューを考えるときに大切にしたいのが、お客様に他の料理への期待を持たせるという発想です。前菜だから、簡単な料理や注文しやすい定番を揃えておけばいいというだけでは、舌の肥えた今のお客様の支持を得にくくなります。最初に食べる料理ですのでボリュームを強調する必要はありませんが、高い技術を感じさせる内容であったり、食材の美味しさを強調するものであったり、ワインと合うよう味の構成がよく考えられたものであったり…といった特徴を出す必要があります。こうした料理が前菜に並んでいると、お客様はメインの料理にも期待感を持ってくれます。接客する際も、料理に勧めがいがありますので、お客様との間で自然と会話が弾み、食事の場を、より楽しませることもできます。（今井）

加工肉活用の前菜

生ハムが定着し、さらに様々なサラミ・ソーセージ類が輸入されていて、今や、前菜メニューを構成する基本の柱の一つです。そこでこれら加工肉を使い、もう少し手間をかけて個性を出したメニュー、ロス対策から生み出したメニューを紹介しましょう。

生ハムモッツァレラ添え

カプリ島で食べた生ハムの前菜です。カンパニア特産のモッツァレラと盛り合わせ、カプリ島特産のリモンチェッロをかけています。こうすると、生ハムの前菜もカンパニア料理の一品に感じさせるから不思議です。リモンチェッロだけでは甘いので、レモン汁を足してバターでコクを出しました。モッツァレラは、かわいらしいボッコンチーノを使ってください。(今井)

材料
- ボッコンチーノ…10個
- 生ハム(スライス)…10枚
- リモンチェッロ…15cc
- レモン汁…15cc
- バター…10g
- レモン(スライス)…適量
- ミントの葉…適量

作り方
1. ソースを作る。鍋にリモンチェッロとレモン汁を入れて火にかけ、半量に煮詰めたら、火からおろしてバターを加え、かき混ぜて溶かし、冷ましておく。
2. 皿に生ハムとモッツァレラを盛り合わせる。モッツァレラの上に、1のソースをかける。レモンとミントを飾る。

桃のマスカルポーネチーズ詰め　生ハム添え

桃は北の地方の特産で、色々な品種があります。この料理は、桃の種をくり抜き、そこにマスカルポーネを詰め、生ハムを添えたものです。シンプルながら、桃の甘さにチーズのコク、ハムの塩けがバランスよく合わさり、美味しい前菜になります。（今井）

材料

4人分
桃…2個
マスカルポーネ…160g
プロシュット・クルード（スライス）…4枚
E.X.V.オリーブオイル…少々

作り方

1. 桃は皮をむき、縦半分に切って種を取り出す。
2. 種を出した所にチーズを詰め、1/4カットして皿に盛る。
3. プロシュットをかぶせ、オイルを軽くふる。

加工肉活用の前菜

クラテッロ・ディ・ジベッロ

エミリア・ロマーニャのジベッロ村で作られる、
ブランドもののクラテッロです。
肉の周りを包んでいる膀胱の皮はつけたまま、
白ワインとスプマンテを合わせて注いで戻すのが私流。
戻した肉の硬い部分は、
捨てずにパスタソースなどに活用してください。(今井)

材料
クラテッロ・ディ・ジベッロ…1本
白ワイン…適量
スプマンテ…適量
バター…適量

作り方
1. クラテッロは、全体が入る程度の容器に入れる。膀胱の皮はつけたまま戻すのが今井流。
2. 白ワインとスプマンテは3対1の割合。1週間漬けて戻す。
3. 戻したクラテッロは、硬い部分をそぎ取り、スライスして皿に盛る。バターを添える。

生ハムのソーセージ風

生ハムを原木で扱うと、どうしても固い部分やお客様に出せない端身が出ます。
そうした部分を何とか活かせないかと考えたのがこのメニューです。
ロス部分だけで前菜の一品が作れる上、スライスしたものは油で炒めて、パスタやリゾットにも使えます。(谷本)

生ハムの端の部分や、そのままではお客に出せない半端な部分などは、捨てずに取って置く。

挽き肉器で粗挽きにする。挽き肉器がない場合は、庖丁などで細かく刻んでもよい。

アルミホイルの上に、他の材料と混ぜ合わせた挽き肉を細長くのせる。

ホイルで巻き、とじ目に菜箸などを置いてしっかりと空気を抜いて、両端を絞る。

材料

生ハムの切れ端(その他の混合可)
　…500g
フェンネル・シード…適量
パプリカパウダー…適量
ゼラチン…12g
水…60cc

作り方

1. 生ハムの切れ端は、粗挽きにする。ハムの脂があれば、コンカッセにして加える。香りづけにフェンネルを、色づけにパプリカを適量加える。
2. ゼラチンを湯煎して溶かし、熱いうちに1を加え、固まらないうちに素早く練り込む。
3. 45cmほどの長さに切ったアルミホイルにオリーブオイル(分量外)を軽く塗り、2を棒状に置き、手前からホイルを被せ、閉じ目に菜箸を置いて、メンドテールバターを作るように手前にグッと引きながら空気を抜く。
4. さらにもう一度アルミを巻き込み、両端を絞りながら太さと長さを調節する。冷蔵庫で冷し固める。

ゼリー寄せの前菜

身近かな食材にも、前菜メニューのヒントがあります。「ゼリー寄せ」という技法を使えば、使いにくい食材や端身を前菜の一品として活かすことができます。ここで紹介した肉・魚介以外にも、くず野菜など使ってもゼリー寄せができます。

コッパ ロマーナ

ローマだけでなく、イタリアのどこの町でも見られる伝統的な前菜で、切り売りする屋台などもあるほど。豚一頭を余すところなく使うという考えから生まれた料理です。
イタリアからの輸入品もあったようですが、手作りできますので挑戦して下さい。(谷本)

豚の耳、足、舌などを使う。鍋に入れて水を加え、一度沸騰させて茹でこぼす。

野菜類と共に柔らかく茹でて型に長し、茹で汁にゼラチンを溶かしたものを流す。

材料

30cmのトヨ型1本分
豚の耳…2枚
豚舌…1本
豚足…2本
玉ねぎ…1個
セロリ…1/2本
パセリの茎…適量
ローリエ…2枚
板ゼラチン…17g
塩・黒粒胡椒…各適量

作り方

1. 鍋に豚の耳、足、舌を入れて水を加え、一度沸騰させて茹でこぼす。
2. 再び鍋に1と水を入れて火にかけ、玉ねぎ、セロリ、パセリの茎、ローリエ、塩、胡椒を入れ、全ての肉が柔らかくなるまで煮る。この時の塩加減は、煮詰まってくるので常に10%を保つようお湯を足す。
3. 柔らかくなった肉は取り出し、鍋の煮汁は漉しておく。
4. 足の骨や耳の硬い軟骨は取り除き、舌はダイス型に切り、トヨ型にまんべんなくしき詰める。
5. 3の煮汁250ccを温めて、水でふやかしたゼラチンを加えて溶かし、4に入れて冷蔵庫で冷やし固める。

タコとドライトマトのゼリー寄せ

北イタリアのアドリア海沿いの料理です。現地ではスライサーで薄くスライスしていました。茹でたタコは、少し置いて水分を出してから使うのがポイント。タコだけでも作れますが、相性の良いドライトマトと組み合わせると、味わいが増します。(谷本)

材料

30cm×8cm×5.5cmのトヨ型1本分
ジャミダコ(ボイル)…2杯(約780g)
玉ねぎ…適量
人参…適量
セロリ…適量
塩…適量
ドライトマトのオイル漬け…150g
イタリアンパセリ(粗みじん切り)…15g
蛸の煮込み汁…300cc
板ゼラチン…28g

作り方

1. 鍋にジャミダコと、玉ねぎ、人参、セロリを入れ、たっぷりの水を注ぎ、塩を水1ℓに対して8gを入れて火にかけ、タコが柔らかくなるまで2時間ほど煮込む。この時、常に同じくらいの水量を保つよう、水が減ってきたらお湯を足す。煮詰まると塩っぱくなる。
2. タコが柔らかくなったら取り出し、冷まして水分を出す。煮汁は取っておく。
3. 2のタコは足を切り離し、トヨ型にタコ、刻んだドライトマト、パセリの順に二段に重ねる。
4. 2で取っておいた煮汁300gを漉し、水でふやかしたゼラチンを入れて溶かし、3のトヨ型に流す。タコが浮いて来ないように軽く重石をして冷蔵庫で冷し固めたら、スライサーで薄くスライスして皿に盛る。

自家製加工食品の前菜

イタリア産の加工食品には、ハム・サラミ以外にもいろいろなものがあります。それらを自家製にすることで、店の個性を一段と際立たせることができます。加工食品の知識は、肉以外に魚介類にも応用することができますので、意外にバリエーションも広がります。

ラルド

アフェタートや、魚介の調理、野菜の炒め物など、幅広い使い道があるラルド。
加工法は様々で、大理石の箱で熟成させるトスカーナ・コロンナートがよく知られています。
またアオスタのアルナード村も有名です。スパイスの使い方でいろいろな個性が出せる素材ですので、良質の豚バラ肉が手に入った時に作ってみてください。（谷本）

良質で厚めの豚バラ肉の脂の塊を使う。塩をして肉の水分を抜いてから、砕いた香辛料などを表面にこすり付けて冷蔵庫に吊るし熟成させる。

材料

豚バラ肉の良質の厚い脂身の塊…適量
塩…肉1kgに対し塩7〜8g
砕いた黒胡椒・八角・丁子・ローズマリー…各適量

作り方

1. 豚バラ脂身はフォークなどで表面に穴を開け、塩を両面にこすりつけて布を巻き、重しをして約1週間ほど置く。
2. スパイス、ハーブ類を肉の表面にこすりつけ、S字金具をかけて冷蔵庫の風が出る所で吊るして仕上げる。目安は表面が少し乾いてくるまで。2週間以上で生食可能。

鹿のブレザオラ

肉を塩漬けにして熟成させたのがブレザオラ。ロンバルディア州をはじめとする北の地方でよく食べられており、牛、羊や鹿、猪…など、色々な肉で作ります。ここでは洋梨とゴルゴンゾーラを添えました。（今井）

ANTIPASTO▶前菜 ●自家製加工食品の前菜

材料

鹿肉…700g
サーレ・グロッソ（粗塩）…300g
黒胡椒（つぶしたもの）…3g
にんにく（みじん切り）…2片分
ローズマリー（みじん切り）…1枝分
赤ワイン…1.5ℓ
ゴルゴンゾーラ・ピカンテ…適量
E.X.V.オリーブオイル…60cc
洋梨…適量

作り方

1. 鹿肉はタコ糸で縛り、形をととのえる。
2. バットで塩と黒胡椒、にんにく、ローズマリーを合わせ、1を入れてすり込み、冷蔵庫で2日間置く。
3. 肉を取り出し、表面を赤ワイン（分量外）で洗う。その肉を別容器に入れ、分量の赤ワインを注いで、冷蔵庫で3日間漬け込む。
4. 肉を取り出し、脱水シートで水分を2日間取り除き、冷蔵庫に吊るす。1週間〜10日乾かすと食べ頃。
5. 肉はスライスし、ゴルゴンゾーラ、洋梨を添えてオリーブオイルをかける。

肉は、香辛料を合わせた塩をすり込み、2日間ほど置いてから塩を洗い流し、赤ワインに漬け込む

自家製加工食品の前菜

マグロのブレザオラ

ブレザオラは、魚でも作ります。大きくて良質なマグロが手に入ったときに作る一品です。最初の段階で水分をしっかりと抜いていますので、生臭さは全くありません。スライサーで切って盛りつけると、生ハムのような印象の前菜になります。(谷本)

材料

マグロ…適量
塩(天日干しの海水塩)…適量
赤ワイン…適量

作り方

1. 容器に、たっぷりの塩をしいてマグロの塊を入れる。
2. さらに上から塩をかける。写真の大きさで2日間塩漬けにする。
3. 2日後に水洗いし、水分をよく拭く。
4. 容器に戻し、赤ワインを注いで2日間漬ける。切り分けて真空パックし、冷凍保存する。

マグロは塊肉を購入する。店では、写真ほどの大きなマグロで仕入れ、皮を取る。

容器の底に塩をしき、1の皮を取ったマグロを置いて、たっぷりの塩をふりかける。

そのままで、写真の大きさでは2日間塩漬けにする。写真は塩漬けを終えた状態のもの。

塩を水洗いし、水分をしっかりと拭き取って、赤ワインを注ぐ。写真の大きさで2日間漬け込む。

マグロのブレザオラ

左ページと同じマグロのブレザオラですが、こちらは白ワインに漬け込んで、
網に入れて表面にスパイスをつけ、冷蔵庫内に吊るし熟成させたものです。
同じマグロを使っていても、こちらの方が魚の加工品らしく、あっさりとした味わいになります。（谷本）

材料

マグロ…適量
塩（天日干しの海水塩）…適量
白ワイン…適量
黒胡椒・丁子（ちょうじ）・ナツメグ…各適量

作り方

1. マグロは塊肉を用意し、皮を取る。
2. 容器の底に塩をしき、1の皮を取ったマグロを置いて、たっぷりの塩をふりかける。
3. そのままで、写真の大きさで2日間塩漬けにする。
4. 塩を水洗いし、水分をしっかりと拭き取って、白ワインを注ぐ。
5. 2日ほど漬けたら、取り出して網に入れ、黒胡椒・丁子・ナツメグなどのスパイスをぬり、冷蔵庫に吊るして3週間ほど乾すと食べ頃になる。

自家製加工食品の前菜

ヒコイワシの酢漬け

ヒコイワシの酢漬けは、イタリアでは一般的な料理で、特に南の地域ではよく見られます。
前菜の盛り合わせの中の一品にしたり、ワインのおつまみ的にちょっと添えたりします。
新鮮なヒコイワシを使うのがこの料理のポイントです。(谷本)

材料

新鮮なヒシコイワシ…約25尾
ビネガー…50cc
にんにく…1片
赤唐辛子…少々
砂糖…25g
塩…3g

作り方

1 荷紐を約15cm長さに切り、中央2cmを折り曲げU字型にする。イワシの頭の方に紐をあて、骨に沿って引き下げると、簡単に3枚におろせる。
2 鍋にビネガー、潰したにんにく、赤唐辛子、砂糖を入れて火にかけ、沸騰させて塩で味をととのえて冷ます。
3 **1**を沸騰したお湯に軽く潜らせる。布またはキッチンペーパー等で軽くこすると、皮は綺麗にむける。
4 容器に**3**を並べ、**2**をかけて1日マリネする。

マグロの酢漬け

同じ酢漬けでも、こちらは表面を少し炙ってからマリネします。
ビネガーを使いますが、砂糖や赤玉ねぎなども加えますので、酸味は強くなく上品な味に仕上がります。
20ページのブレザオラを作る際の端身を利用してはいかがでしょうか。(谷本)

材料

本マグロ(塊)…300g
赤玉ねぎ(厚めのスライス)…1個分
砂糖…25g
ビネガー…300cc
タイム…少々
にんにく…1片
イタリアンパセリ(粗みじん切り)…適量
塩・挽き白胡椒…各適量

作り方

1 鍋に砂糖、ビネガー、タイム、つぶしたにんにくを入れて沸騰させ、塩で味をととのえてマリネ液を作り、冷ましておく。赤玉ねぎはお湯をさっとかけ、水けをきっておく。
2 マグロはダイスカットにして塩・胡椒をし、バーナーで表面に焼き色をつける。網にのせて直火の強火で炙ってもよい。
3 **2**は深めの容器に入れ、**1**の赤玉ねぎをのせ、マリネ液をマグロがかぶるぐらいに注ぎ、パセリのみじん切りをちらして冷蔵庫で1日〜2日間寝かせる。

自家製加工食品の前菜

フレッシュトンノ バジリコマヨネーズかけ

南の地方でよく使われる、代表的な魚であるカジキマグロを使ったメニューで、じっくり茹でてツナ風に仕上げたものです。ポイントは、茹でるときに沸騰させないこと。沸騰させると、ゼラチン質が溶け出してパサパサになります。（谷本）

カジキマグロが被るほどのお湯に、その10％の塩と、丸ごとのレモン、タイムを入れ、低温でじっくりと火を通す。

材料

カジキマグロ（生）の塊…1kgくらい
塩…適量
レモン…1個
タイム…3〜4本
バジリコマヨネーズ（下記参照）
…適量

作り方

1 手鍋に、カジキマグロの塊とその他の材料を入れる。カジキがかぶるくらいにたっぷりと水を入れ、水1ℓに対して約10％の塩を加える。
2 落し蓋をして火にかけ、80℃の温度を保ち、約2時間半程茹でる（水量が減ってきたらお湯を足す）。
3 茹で終えたカジキマグロは取り出して網の上に置き、一日かけて冷蔵庫で締める。
4 適当な大きさに分け、バジリコマヨネーズを添える。

【バジリコマヨネーズの作り方】
バジリコの葉15gとマヨネーズ180gを、ミルミキサーで回す。

ANTIPASTOのテクニック

今日ではさまざまなイタリア産チーズが輸入されています。それでも自家製にするなら、どこにもない味わいで前菜メニューを広げることができます。酵素を加える通常のチーズは、手作りするにはハードルが高いのですが、牛乳で作るリコッタなら、自家製が可能です。

自家製リコッタ

牛乳とレモンで作る手法では酸味が勝ってしまいますので、私は酒石酸を使っています。できたリコッタは（写真左）そのままで前菜からデザートにも幅広く使えます。燻製にしたり（写真左）、黒胡椒を入れたりと応用もききます。（谷本）

牛脂肪を固める酸には、酒石酸を使う。薬局などで販売されている。

混ぜながら加熱し、40℃で、水溶き酒石酸を少しずつ加え、徐々に90℃まで上げる。

火を止めて5分ほど休ませ、たんぱく質が分離したら布をしいた容器に入れる。

材料

牛乳…2000cc
生クリーム…200cc
スキムミルク…60g
酒石酸…4g
塩…少々
砂糖…少々

作り方

1. 牛乳を温め、スキムミルク、砂糖、塩を加え、泡立て器を使って溶かす。
2. 混ぜながら40℃に温度を上げ、水溶きした酒石酸を少しずつ加えながら、徐々に90℃まで温度を上げる。
3. 火を止めて5分ほど休ませたら、穴あき容器にガーゼをしき、凝固したタンパク質をすくい取って入れる。
4. ある程度水分が出たら、冷蔵庫で冷やし固める。

野菜の前菜

日本でも各地でブランド野菜が登場し、質の高い野菜を使ったメニューに魅力を感じる人は増えています。そこで前菜にも、野菜をメインに使ったものを揃えるようにしたいものです。野菜の持ち味を引き出す調理法を用いた前菜メニューを紹介しましょう。

野菜のタリアテッレ パルミジャーノ添え

野菜類を薄く長く、パスタのタリアテッレのように切った、野菜を食べる前菜です。
ただ切っただけではなく、切った野菜をザルに入れ、塩を入れた熱湯をざっとかけることで野菜を引き締め、甘みと食感を高め、オイルがのりやすい状態にしています。（谷本）

材料

ズッキーニ（縦にスライス）…60g
人参（縦にスライス）…40g
E.X.V.オリーブオイル…適量
塩・胡椒…各適量
ワインビネガー…少々
パルミジャーノ（スライス）…20g
イタリアンパセリ…適量

作り方

1 ズッキーニ、人参は、タリアテッレ状にスライスしたものをザルに入れ、塩を入れた熱湯をざっとかけて冷ます。
2 オリーブオイル、ビネガー、塩、胡椒で味をととのえて皿に盛り、パルミジャーノとイタリアンパセリをちらす。

黒オリーブのパテ

ローマから車で1時間ほどの距離にあるサビーナ村。そこの有名なオリーブオイル工場に行ったときに、ご馳走になった一品です。濃厚なオリーブの風味を、バターとパン粉でつないでまろやかにし、モスカート種のグラッパとレモン汁の風味で仕上げます。(今井)

果肉の柔らかい黒オリーブは、庖丁の腹で押せば、種は簡単に取り除ける。

バターとパン粉をつなぎとし、モスカート種のブドウで作るグラッパとレモン汁を加えて作る。

材料

黒オリーブ…200g
無塩バター…45g
生パン粉…10g
レモンの皮…1/2個分
レモン汁…1/2個分
グラッパ…少々
E.X.V.オリーブオイル…適量
塩・胡椒…各適量
クルミパン…適量
イタリアンパセリ…適量

作り方

1 オリーブは、種を取り除く。
2 フードプロセッサーに、**1**、バター、パン粉、レモンの皮と汁、グラッパ、E.X.V.オリーブオイルを入れ、ペースト状になるまで回したら、塩、胡椒で味をととのえる。
3 ココットなどに入れ、クルミパンを添える。イタリアンパセリを飾る。

> 野菜の前菜

グリル野菜のマリネ シチリア風

シチリアの調理人の方に教わったメニューで、仕込んでおけばそのまま出せますので、大人数のパーティーでも重宝する前菜です。イタリア産の唐辛子で、ピリッと辛みをきかせてあります。野菜はグリルしますので、なすのアク取りは行いません。（谷本）

材料

パプリカ…1個
米なす…1個
ズッキーニ…1本
アンディーブ…1個
バジリコ…1/2パック
赤唐辛子（イタリア産）…適量
にんにく…2片
オレガノ（乾燥）…適量
ひまわりオイルまたはオリーブオイル…適量

作り方

1 バジリコ、にんにく、オレガノは、それぞれ粗みじん切りにしておく。赤唐辛子は細かく刻んでおく。
2 野菜はそれぞれ適当な厚さに切り、塩・胡椒をしてオイルに潜らせ、網にのせてじっくりと焼く。
3 容器にひまわりオイルまたはオリーブオイル適量を入れ、2の野菜の一部を敷き詰め、1のハーブ・スパイス類をちらし、さらに油を適量かける。
4 3で残した野菜を同様に重ね、ハーブ・スパイス類を入れて全体に野菜がかぶるくらいに油を入れてマリネをする。塩分が足りないようであれば調節をする。

ANTIPASTO ▶ 前菜　●野菜の前菜

ウンブリア地方のパンのサラダ　アクアコッタ

ウンブリア地方は、香草を使った料理が多い地域です。アクアコッタは野菜のみの料理で、ミントを使って爽やかさを出します。似た料理にブルスケッタがありますが、この料理は固くなったパンをトマトの水分で食べるので、ブルスケッタとは異なります。（今井）

トマトは、玉ねぎ、オリーブオイルとともに鍋に入れ、弱火で15〜20分間蒸し煮にする。

味つけは、火から外す直前に行う。塩・胡椒とオリーブオイルを加えるだけ。

材料

4人分
- トマトの果肉（小角切り）…400g
- 玉ねぎ（スライス）…2個分
- E.X.V.オリーブオイル…60cc
- 塩・胡椒…各適量
- パネ・トスカーナ…160g
- パルミジャーノ（すりおろし）…60g
- ミントの葉…適量

作り方

1. トマトは、玉ねぎ、E.X.V.オリーブオイルとともに鍋に入れ、塩をふって弱火にかけ、15〜20分蒸し煮にする。
2. 火から外す直前に塩・胡椒で味をととのえ、オリーブオイルを入れる。
3. パネ・トスカーナは厚めに切って皿にのせ、2をかけ、パルミジャーノをふり、ミントの葉をちらす。

野菜の前菜

野菜のテリーヌ テアトルヴェルディソース

私も所属しているアルトゥージ協会のイタリアの会長・セルジオ氏が顧問をしている店の料理です。野菜のうま味と甘みをパイで閉じ込めた料理で、野菜類はよく炒めるのがポイントです。店名を冠したオリジナルのソースは、裏漉ししたじゃが芋でつなげます。(今井)

ボールで、よく炒めて冷ました野菜類と、チーズ、生ハムを混ぜ合わせる。

テリーヌ型にしき詰めたパイ生地に入れて蓋をし、低温のオーブンで焼き上げる。

フードカッターで緑のソースを作る。バジリコの色が変わらないよう、氷も加えて回す。

材料

テリーヌ型1台分
パイシート…300g
玉ねぎ(スライス)…750g
人参(小角切り)…100g
セロリ(短冊切り)…325g
バター…20g
オリーブオイル…適量
モッツァレラ(小角切り)…150g
パルミジャーノ(テリーヌ用。すりおろし)…80g
生ハム(みじん切り)…100g

アスパラソバージュ…適量
塩・胡椒…各適量

●ソース
じゃが芋(メークイン)…100g
バジリコの葉…200g
松の実(煎ったもの)…50g
パルミジャーノ(ソース用。すりおろし)…50g
氷…50g
イタリアンパセリ…50g
E.X.V.オリーブオイル…100cc

作り方

1 パイシートは、40cm×50cmくらいになるまでのばし、一度冷蔵庫で生地を休ませ、その後にテリーヌ型にしき詰め、再度冷蔵庫で生地を休ませておく。
2 鍋にバターとオリーブオイルを入れ、玉ねぎ、人参、セロリを炒め、冷ましておく。
3 ボールに2を入れ、モッツァレラとパルミジャーノ、生ハムを加えて合わせ、塩・胡椒で味をととのえる。
4 1のテリーヌ型に3を詰め、パイ生地の余りの部分を折り返して上面をパイ生地で閉じる。
5 4は160℃のオーブンで約50分焼く。
6 焼けたら、取り出して粗熱を取り、冷蔵庫で一晩休ませて、型から抜く。
7 ソースを作る。じゃが芋は3%の塩水で茹でて裏漉しし、冷ます。
8 フードプロセッサーに、7、バジリコの葉、松の実、パルミジャーノ、氷、イタリアンパセリ、E.X.V.オリーブオイルを入れ、ペースト状になるまで回す。
9 鍋に移し替え、生クリーム(分量外)を加えて温め、塩・胡椒で味をととのえる。
10 6は1.5cm厚さに切り、電子レンジで温めて皿に盛り、9のソースをかける。茹でたアスパラソバージュを飾る。

ロシア風サラダ

ロシア風と名が付くこの料理、実はれっきとしたイタリア料理で、1987年にトリノのリストランテでの修業時代に教わった一品です。かつて、野菜やソーセージなど色々なものを一皿にのせて食べているロシア人を見たイタリア人が、ロシア人は色々な物を混ぜて食べるのが好きだと思って作ったのが始まりです。野菜以外にも、半端な食材があれば加えてもかまいません。サンドイッチに挟んでもいいと思います。(谷本)

ANTIPASTO▶前菜
●野菜の前菜

材料

じゃが芋(小角切り)…500g
ズッキーニ(小角切り)…180g
人参(小角切り)…100g
ビーツ(小角切り)…100g
セロリ(小角切り)…150g
ハム(小角切り)…200g
茹で玉子(粗切り)…4個
ケッパー…テーブルスプーン1杯
マヨネーズ…250g
オリーブ…適量
マーシュ…適量

作り方

1. じゃが芋、ズッキーニ、人参は、野菜が崩れない程度にさっと塩茹でをし、ザルに取って冷ましておく。ビーツは、赤い色で他の野菜が染まるため、別鍋で同じように茹でて冷ましておく。
2. 1とセロリ、ハムをボールに入れ、茹で玉子、ケッパー、マヨネーズを加えて和え、味をととのえて皿に盛る。オリーブ、マーシュで飾る。

野菜の前菜

なすのタルタル マグロのボッタルガ添え

塩けの強いマグロのボッタルガを、焼いたなすと合わせて味に深みを出した前菜です。
なすの種類は何でもけっこうです。ただし、よく焼かないと、苦みが出るので注意して下さい。
なすによっては、アクを取って調理してもいいでしょう。（今井）

なすは皮目を上にして、180℃のオーブンで焼く。よく焼かないと苦みが出る。

火の通った果肉は、スプーンで取り出す。皮は使わないので焦げてもよい。

材料

4人分
なす…8本
にんにく（みじん切り）…1片分
タカノツメ…1/2本
E.X.V.オリーブオイル…適量
塩…適量
マグロの卵のボッタルガ…適量
レモン風味のオリーブオイル…適量
プチトマト…適量
バジリコの葉…適量

作り方

1 なすは横半分に切って果肉面に切れ目を入れ、軽く塩をして水分が浮いてきたら拭き取り、皮を上にして180℃のオーブンで焼く。
2 フライパンに、にんにく、タカノツメ、オイルを入れて弱火にかけ、にんにくがきつね色になったら分量外のEX.ヴァージンオリーブオイルを少し足し、フライパンの中の熱を下げるとともに、オリーブオイルの香りを入れ、冷ましておく。
3 なすは、焼けたらスプーンなどで果肉だけを取り出してみじん切りにし、ボールに入れる。
4 3と細切ったバジリコの葉2枚分を混ぜ、2のオイルを味を見ながら加える。
5 皿に盛りつけ、ボッタルガをスライスしてかけレモン風味のオイルをふる。半割りにしたプチトマトとバジリコの葉を飾る。

ANTIPASTOのテクニック

低予算のパーティーが入ったとき、特にそれが大人数であったときなどは、使う食材が限られてしまい、頭を悩ませるものです。そうしたとき、身近かな食材で低原価に作れる前菜を用意しておけば、困ることはありません。その例を2品紹介しましょう。（谷本）

赤玉ねぎのオーブン焼き

イタリアのトラットリアで教わったもので、身近かにあり、原価も低く、しかも美味しい一品です。ごく簡単な作り方で前菜にもなり、また肉や魚料理の土台として、オーブンでさっと温めて使えます。玉ねぎの甘みが出て美味しく頂けます。

材料

赤玉ねぎ（1cm厚さのスライス）…2個分
オレガノ（乾燥）…適量
イタリアンパセリ（みじん切り）…適量
E.X.V.オリーブオイル…適量
塩分1％のお湯…適量

作り方

1. 切った赤玉ねぎは、耐熱皿に並べる。
2. 塩を入れたお湯を、玉ねぎがひたひたまで入れ、オイル適量をふり、玉ねぎの上にオレガノをちりばめ、中火のオーブンでじっくりと火を通す。
3. 玉ねぎが透き通ってきたら、別の容器に少量の茹で汁とともに移し替え、オリーブオイルをかけ、イタリアンパセリをちらして冷ます。

ブロッコリーとポーチドエッグのスフォルマート
トマトのマリネ添え

ブロッコリーの茎の部分は、最も甘みのある部分です。捨ててしまうのはもったいない、という発想で作ったのがこの一品です。捨てていた部分から、見た目にも美しく魅力の高い前菜が生まれました。

材料

4人分
ブロッコリーの茎…100g
板ゼラチン（ブロッコリー分）…5g
生クリーム…30cc
ポーチドエッグ…2個
水…100cc
黒粒胡椒…適量
アスピックゼリー…5g
板ゼラチン…1.7g
塩…適量
白ワイン…適量
酢…適量

作り方

1. ポーチドエッグは、軽く燻製にかけておく。
2. スフォルマートの土台を作る。水100ccに黒粒胡椒を入れて沸騰させ、火を止めてアスピックゼリー、水でふやかしたゼラチンを入れて溶かし、茶漉しで漉して氷水にあてて冷やす。
3. 平らな容器にセルクル型を置き、**1**を型の中央に置き、**2**を流し冷蔵庫で冷し固める。
4. ブロッコリーの茎は柔らかく茹で、水でふやかしたゼラチンとともにミキサーでペースト状にし、六分立てにした生クリームを加えて混ぜ、**3**の上に流して、さらに冷やし固める。

野菜の前菜

ポルチーニの鉄板焼き

イタリアでは、ポルチーニやトリュフはシーズンになると、店内に箱のまま飾っており、それをカメリエーレがお客の前に持って行き、香りと新鮮さを説明しながら注文を取ります。傘の大きいものは鉄板焼きでアンティパストに、あるいはステーキでメインディッシュに。軸の部分はリゾットやタリアテッレなどのパスタに、お客と相談しながらメニューを決めます。ポルチーニ、トリュフなどは、グラム売りのお店が多いようです。(谷本)

材料

ポルチーニ(フレッシュ)…適量
にんにく(みじん切り)…15g
イタリアンパセリ(みじん切り)…3g
塩・黒挽き胡椒…各適量
オリーブオイル…100cc
E.X.V.オリーブオイル…適量

作り方

1 ボールにオリーブオイル、イタリアンパセリ、にんにく、塩、胡椒を入れてよく混ぜ合わせる。
2 ポルチーニの傘の部分を切り取り、1をたっぷりとつけ、鉄板または厚手のフライパンで焼く。
3 器に盛り、E.X.V.オリーブオイルをかける。イタリアンパセリ(分量外)を飾る。

ポルチーニのポルペット

ピエモンテ州のトリノで、色々な茸を使ったポルペットを食べたことをヒントにして、ポルチーニ茸だけで作ってみました。余って硬くなったパンの再利用という意味もあります。ポルチーニのシーズン中に、一度は作りたい料理です。(今井)

材料

- ポルチーニ(小角切り)…350g
- にんにく(みじん切り)…1片分
- パセリ(みじん切り)…少々
- 硬くなったパン(小角切り)…50g
- 生クリーム…適量
- 卵(M玉)…1個
- グラナパダーノ…60g
- 小麦粉…適量
- 塩・胡椒…各適量
- ラディッキオ…適量
- オリーブオイル…適量
- E.X.V.オリーブオイル(またはレモン風味のオリーブオイル)…適量

作り方

1. パンは多めの生クリームに浸し、柔らかくして軽く絞っておく。
2. ポルチーニとにんにく、パセリをオイルでよく炒め、冷ましておく。
3. ボールに**1**を入れ、卵とグラナパダーノを加えてよく混ぜ合わせ、塩と胡椒で味をととのえる。
4. 別ボールに**2**を入れ、**3**を加えて軽く押しつぶすように混ぜる。丸めて小麦粉をつけ、多めのオイルで焼き上げる。
5. 油をきって皿に盛り、ラディッキオと、分量外のポルチーニのグリルを添え、E.X.V.オリーブオイルまたはレモン風味のオリーブオイルをふる。

ポルチーニは、ソテーの途中で刻んだにんにくを加えて、香りをつける。

炒めて冷ましたポルチーニと、生クリームに浸して絞ったパンを合わせる。

押しつぶし、丸くととのえる。小麦粉をつけ、多めの油で焼く。

野菜の前菜

ポルチーニのパイ包み焼き

この料理は、温菜でも冷菜でも応用できる便利なメニューです。
たくさん焼き置きしておき、そのつど温めてメインディッシュのつけ合わせにも応用できます。
冷蔵保存で4日間は持ちます。冷凍保存もできますので、これもシーズン中にトライしたい一品です。(谷本)

材料

7個分
- ポルチーニ(ダイスカット)…100g
- オリーブオイル…適量
- エシャロット(みじん切り)…6g
- 白ワイン…30cc
- スーゴ・ディ・カルネ…20cc
- バター…8g
- パルミジャーノ…10g
- イタリアンパセリ(みじん切り)…適量
- パイシート(2mm厚さの9cm角)…7枚
- 卵黄…1個分
- 塩、黒胡椒…各適量
- イタリアンパセリ(飾り用)…適量

作り方

1. オイルでポルチーニを炒める。途中でエシャロットを加えてさらに炒め、白ワインをふってアルコール分を飛ばし、塩・胡椒で味をととのえる。
2. 1にスーゴ・ディ・カルネ、バターを加えてよく混ぜ合わせ、冷蔵庫で冷ます。パセリのみじん切り、パルミジャーノを混ぜる。
3. パイシートを広げ、2を中央にのせる。パイシートを端の部分から持ち上げ、上部を絞りながらしっかりと閉じ、冷蔵庫で締める。
4. 水少々で溶いた卵黄を生地にぬり、パイの上部に3ヵ所ほどの空気穴を開けて、170℃に温めたオーブンで約15分、150℃に下げてカリッとなるまで、約25分焼き上げたら、器に盛る。イタリアンパセリを飾る。

茸のパルフェ トリュフの香り

茸はイタリア全土で採れます。この料理は温かな南のウンブリアで食べました。茸をムースのように固め、トリュフとソテーした生ハムを添えた、贅沢な前菜です。カリカリにソテーした生ハムの塩けが、茸の味を引き立てます。（今井）

茸がまだ熱いうちにミキサーに入れ、ベシャメッラを加えて回す。

プリンカップなどに入れて、冷蔵庫で冷やし固める。

材料

8人分
- 茸類（好みのもの）…500g
- 板ゼラチン…10g
- バター…適量
- E.X.V.オリーブオイル…適量
- にんにく（みじん切り）…2片分
- パセリ（みじん切り）…適量
- ベシャメッラ…100cc
- 生クリーム（八分程度にホイップしたもの）…100g
- パルミジャーノ（すりおろし）…40g
- 塩・胡椒…各適量
- 黒トリュフ…少々
- イタリアンパセリ（飾り用）…適量
- プチトマト（飾り用）…適量

●ソース
- マスカルポーネ…200g
- 生クリーム…200cc

作り方

1. 板ゼラチンは水に浸けてふやかしておく。
2. 茸類は厚めにスライスして、E.X.V.オリーブオイルとバターを入れたフライパンで熱し、にんにく、パセリをふってソテーし、塩・胡椒で味をととのえる。
3. 2が熱いうちにミキサーに入れて回し、ボールにあけ、1とベシャメッラを加えてよく合わせ、常温に冷ます。
4. 3にホイップした生クリームとパルミジャーノを入れてよく合わせ、塩・胡椒で味をととのえ、プリン型またはテリーヌ型に入れて冷やし固める。
5. ソースを作る。マスカルポーネと生クリームを鍋に入れて弱火にかけて温める。
6. 5を皿にしき、4をのせ、黒トリュフをかける。イタリアンパセリとプチトマトを飾る。

イタリア野菜の前菜

ラディッキオ、ズッキーニ、ちりめんキャベツ…と、今や様々な品種のイタリア野菜が日本でも栽培されるようになってきました。どのような扱い方をすればよく、どのような料理があるのか。人気の前菜野菜を例に解説します。

ラディッキオ・トレヴィサーノとタレッジョのソテー

イタリアでは、様々なチーズをソテーする料理があります。これもその中の一品です。ラディッキオ・トレヴィサーノの苦みと、それをマイルドな風味で包み込むソテーしたタレッジョの香りを楽しんで下さい。グリッシーニを砕いて歯応えを出しました。（今井）

ラディッキオ・トレヴィサーノは、縦半分にカット。苦みを活かしてオイルでソテーする。

材料

2人分
ラディッキオ・トレヴィサーノ…1本
タレッジョ…100g
パルミジャーノ（粗みじん切り）…適量
小麦粉…少々
グリッシーニ…1本
粗挽き黒胡椒…少々
E.X.V.オリーブオイル…適量

作り方

1. ラディッキオ・トレヴィサーノは縦半分にカットする。
2. フライパンでオイルを熱した中に**1**を入れ、ソテーして取り出し、皿に盛っておく。
3. **2**のオイルで、小麦粉をつけたタレッジョをソテーし、**2**にのせる。
4. パルミジャーノと、手でつぶしたグリッシーニをのせ、粗挽きの胡椒をふり、オイルをかける。

花ズッキーニの詰め物の蒸し焼き

ズッキーニの花は、春から夏にかけての時期に出回ります。
リゾットに入れたり、詰め物をしたり、魚料理に使ったりと、色々な料理に使います。
この料理は詰め物にした一品で、花の色を活かすため蒸して火を通します。（今井）

花ズッキーニは、苦みのある雄しべを折り取ってから詰め物をする。花びらは破けやすいので注意する。

花の鮮やかな黄色い色を活かすため、蒸し器で蒸して火を通す。

材料

5人分
花ズッキーニ…15本
パプリカ（焼いて皮を取ったもの）…130g
なす…160g
生ソーセージ…150g
生パン粉…15g
卵白…2個分
プチトマト…適量
塩・胡椒…各適量
E.X.V.オリーブオイル…適量

作り方

1 花ズッキーニは、花びらを破かないようにして雄しべを取り除いておく。
2 パプリカは、皮と種を取り除き、5mm角に切っておく。
3 なすは5mm角に切り、油で揚げ、揚がったら塩をしておく。
4 生ソーセージは皮を除いて中の肉を取り出しておく。
5 ボールに2、3、4と、パン粉、卵白を入れてよく混ぜ合わせる。
6 絞り袋に5を入れ、1の花びらの中に6〜7分目まで絞り入れ、花びらの先端をとじる。
7 パラフィン紙をしいた蒸し器に6を入れ、蒸す。
8 プチトマトは縦半分に切り、ボールに入れ、塩・胡椒をして混ぜ合わせ、オリーブオイルを加えてよく和える。
9 皿に蒸し上がった7を扇状に盛りつけ、8を手前に盛る。

イタリア野菜の前菜

ホワイトアスパラガスの生ハム巻き
ブロードと卵のクリームソース トリュフ添え

イタリアの二大アスパラガス産地の一つが、ヴェネト州。ここはホワイトアスパラの産地として有名で、バッサーノ・デル・グラッパ産はDOPに、チマドルモ産はIGPに認定されています。生ハムの塩けと、ブロードと卵のコクで楽しませます。(谷本)

材料

ホワイトアスパラガス(極太)…1本
生ハム(スライス)…適量
肉のブロード…50cc
E.X.V.オリーブオイル…適量
卵黄…1個分
バジリコソース(120ページ参照)…少々
サラダ用野菜…少々
ビネガー…適量
塩・胡椒…各適量

作り方

1 ホワイトアスパラガスは、袴、硬い部分と皮を取り、塩を少し加えたお湯で硬めに茹で、生ハムをしっかりと巻いておく。

2 フライパンに少し多めのオイルを熱し、1を入れて転がすようにしながら、全体に軽く焼き色をつけたら、ブロードを注ぎ、ほど良い硬さに蒸し煮にする。

3 中まで火が通ったらアスパラを取り出し、3cmくらいに切って温めた皿に盛る。

4 フライパンに残ったソースに卵黄を加え、弱火で泡立て器で軽く濃度がつく程度に混ぜ、3のアスパラにかける。

5 サラダ用野菜をオリーブオイルでソテーし、塩・胡椒、ビネガーで味をととのえ、皿に添え、温めたバジリコソースをかける。

グリーンアスパラガスの生ハム巻き クリームソース トリュフ風味

イタリア二大アスパラガスの産地のもう一つが、ボローニャ近郊。こちらはグリーンアスパラガスです。アルテードの町で栽培されたものはIGT認定されていて、旬の春になると、現地では色々なアスパラガス料理が出されています。ホワイトアスパラ同様、トリュフの風味がよく合います。(谷本)

ANTIPASTO▶前菜 ●イタリア野菜の前菜

材料

1人分
- グリーンアスパラガス(LLサイズ)…2本
- 生ハム(スライス)…1枚
- 肉のブロード…30cc
- 生クリーム…40cc
- 白トリュフオイル…少々
- バター(無塩)…適量
- オリーブオイル…適量
- サラダ用野菜…少々
- 塩・胡椒…各適量
- ビネガー…適量
- バジリコソース(122ページ参照)…少々
- E.X.V.オリーブオイル…少々

作り方

1. グリーンアスパラガスは袴を取り、硬い部分と皮を取り、塩を入れたお湯で硬めに茹でたら、水分を拭き取り、生ハムをしっかりと巻いておく。
2. フライパンにオリーブオイルと同量のバターを入れて熱し、**1**を入れ、転がすようにして中火で全体に焼き色をつける。
3. ブロード、生クリームを加えて軽く煮立て、温めた皿に盛る。
4. フライパンに残ったソースにバターを入れて適度に煮詰め、白トリュフオイル少々で香りを付けてアスパラにかける。
5. サラダ用の野菜はオリーブオイルで軽くソテーし、塩、胡椒、ビネガーで味をととのえ、**4**に盛り合わせる。バジリコソースをE.X.V.オリーブオイルを溶いたものを、仕上げにかける。

イタリア野菜の前菜

お米を詰めたちりめんキャベツの インボルティーニ ブロード煮込み

30ページで少し触れた『リストランテ・テアトロヴェルディ』で食べた料理です。
ちりめんキャベツで米と他の素材を巻いてブロードで煮込んだものです。
米はブロードを吸ってパサつき感が出ますので、ラルドも加え、そのジューシーさでパサつき感を抑えます。（今井）

材料

12個（6人分）
カルナローリ米…125g
ちりめんキャベツ…1玉分
玉ねぎ（みじん切り）…60g
赤ピーマン…2個
ラルド（小角切り）…30g
牛挽き肉…50g
豚挽き肉…50g
にんにく（みじん切り）…1片分
ドライトマト（みじん切り）…30g
バジリコの葉…4枚
鶏のブロード…適量
塩・胡椒…各適量
E.X.V.オリーブオイル…適量

イタリア米は、一度茹でこぼして洗ったものを使う。他の素材と共に、ちりめんキャベツにのせて巻き込む。

一度にたくさん仕込んでおく場合は、鍋にきっちりと隙間なく詰めてから煮込むと、膨れて崩れたりしない。

作り方

1. カルナローリ米は、一度茹でこぼしてから水で洗い、よく水けをきっておく。ちりめんキャベツは葉ごとに分け、塩を入れた熱湯で茹で、冷水に放って水けを拭いておく。
2. 玉ねぎは、オイルを熱した鍋でよく炒め、冷ましておく。赤ピーマンは、直火で薄皮を黒くなるまで焼いてから皮を取り除き、小角切りにしておく。
3. ボールに1のイタリア米を入れ、2、ラルド、牛・豚の挽き肉、にんにく、ドライトマト、バジリコの葉を入れてよく混ぜ合わせ、塩・胡椒で味をととのえる。
4. 1のちりめんきゃべつを広げ、3を適量のせて俵型にしっかりと巻く。
5. 鍋に4を隙間なく詰め、ブロードを注ぎ、約20分間煮る。水分が足りなくなってきたら、水またはブロードを足して煮る。

イタリア野菜の煮込み 田舎風

プーリアの田舎の料理です。シチリアのカポナータ、ナポリのチャンホッタなどと同じ「野菜のごった煮」で、プーリアの特産品として有名なかぼちゃが入るのがこの料理の特徴です。下にパネ・プリエーゼをしいてあります。(今井)

野菜類をよく炒めてうま味を出したら、つぶしたトマトホールとハーブ類を加えて煮込む。

皿にパネ・プリエーゼを切ってのせ、その上から野菜の煮込みをかける。

材料

8人分
- 乾燥豆…160g
- ズッキーニ…1/2本
- なす…1本
- 赤玉ねぎ…200g
- ピーマン…1個
- かぼちゃ…100g
- セロリ…1本
- にんにく…5片
- タカノツメ…1本
- トマトホール…360cc
- パセリ…適量
- バジリコの葉…適量
- 水…適量
- 塩…少々
- パネ・プリエーゼ…20g×8個
- E.X.V.オリーブオイル…適量

作り方

1. 乾燥豆は、前夜にたっぷりの熱湯を注いで戻し、水けをきって再びたっぷりの水で柔らかく煮込んでおく。
2. ズッキーニ、なす、赤玉ねぎは輪切りにする。ピーマン、かぼちゃ、セロリは大きめの角切りにしておく。
3. 鍋にオイルを入れ、にんにくをつぶして入れ、弱火にかける。
4. にんにくがきつね色になったら、タカノツメと2の赤玉ねぎを入れて炒める。玉ねぎがしんなりしてきたら、2の残りの野菜を加えてよく炒める。
5. トマトホールを手でつぶして加え、パセリ、バジリコの葉を入れ、水を注いで煮込む。
6. 野菜が柔らかくなったら、1の豆を合わせて煮込み、塩で味をととのえる。
7. パンは角切りにして器にしき、6をかけ、オイルを風味づけにかける。

魚介の前菜

イタリア各地には、日本にまだ紹介されていない料理がたくさんあります。魚介を使った前菜もその一つ。地元では定番の料理から、意外に身近かな食材の料理、さらに驚きの食材まで、魚介類の前菜メニューを紹介しましょう。

海の幸の海塩ボイル　サルサ・ベルディ添え

カプリ島でタコを食べたとき、海の水で茹でたタコの絶妙の塩加減に驚いたことがあります。魚介類は、身には塩分を含んでいないので、海水ほどの塩分濃度のお湯で火を通すことで、美味しい料理に仕上がります。ソースはピエモンテ風です。(今井)

材料
1人分
季節の白身魚…80g
有頭エビ…1尾
スミイカ…1杯
ムール貝…2個
イイダコ…1杯
じゃが芋…1個
人参…1本

サルサ・ベルディ
　(右記参照)…適量
海塩…適量
トレビスの葉…適量

作り方
1. 水に3%の塩を入れ、じゃが芋と人参を皮つきのまま茹でる。じゃが芋は竹串が通るようになったら、人参は約40分茹でたら引き上げ、冷ましておく。
2. 別鍋で塩分濃度3%の湯を沸騰させ、魚介類を入れて火を通し、取り出す。
3. 皿にトレビスの葉を飾り、**2**と皮をむいた**1**を盛り、サルサ・ベルディをかける。

【サルサ・ベルディの作り方】
チャバッタ160gは、赤ワインビネガーかりんご酢500ccに浸し、それぞれみじん切りにしたパセリの葉50g、アンチョビ・フィレ4枚分、にんにく15gと共にミキサーで回し、塩で味をととのえ、E.X.V.オリーブオイル300ccを注ぎよく混ぜる。

魚介類は、必ず3%の塩分を入れた湯で茹でる。最初から最後まで沸騰させること。

ソースは、固くなったパンを入れて作る。ワインビネガー、アンチョビなども入る。

ANTIPASTO ▶ 前菜

● 魚介の前菜

材料

4人分
マグロ…40g×10
レモン風味のオリーブオイル…適量
アボカド（小角切り）…100g
トマト果肉（小角切り）…100g
フィノッキオ（小角切り）…20g
バジリコの葉…8枚
ルコラ…8枚

好みの野菜…適量
オレンジの果肉…適用
フィノッキオの葉…適量
シブレット…適量

●ドレッシング
オレンジジュース…100cc
レモンジュース…50cc
グレープフルーツジュース…100cc
マスタード…5g
E.X.V.オリーブオイル…250cc
塩・胡椒…各適量

マグロのマリネ

イタリアでは新鮮な魚介が手に入りやすい南の地方でも、魚を生で食べることは少ないようで、この料理のように一見生のようでも、マリネにして食べたりします。最近はイタリアでもアボガドがよく使われていますので、相性の良いマグロと合わせました。（今井）

作り方

1. マグロはラップをかけ、肉たたきで薄くのばし、塩・胡椒をして、レモン風味のオリーブオイルに漬け込んでおく。
2. アボカド、トマト、フィノッキオ、バジリコとルコラは、ボールで合わせる。
3. 1は油分を拭き取って広げ、2を置いて包み込み、皿に盛る。
4. 3種のジュースを合わせ、マスタードとE.X.V.オリーブオイルを加え、塩・胡椒で味をととのえてドレッシングを作る。
5. 3に4をかけ、好みの野菜とオレンジを添え、フィノッキオの葉とシブレットを飾る。

ソースにもレモンや、グレープフルーツを合わせ柑橘系の風味をきかせる。

魚介の前菜

材料

6人分
- バッカラ（乾燥状態）…100g
- 玉ねぎ（厚めのスライス）…100g
- 人参（厚めのスライス）…50g
- セロリ（厚めのスライス）…50g
- じゃが芋…200g
- 白ワイン…90cc
- パルミジャーノ（すりおろし）…40g
- パセリ（みじん切り）…少々
- 塩・胡椒…各適量
- 小麦粉…適量
- 溶き卵…適量
- ドライパン粉（細かなもの）…適量
- ひまわりオイル…適量
- トマトソース…90cc
- ミントの葉…適量

バッカラとじゃが芋のコロッケ

日本でも知られるようになってきたバッカラの料理は、イタリアではヴェネトが有名。地元では色々な料理に使うオールマイティーな食材です。戻すときに味が抜けますので、ここではチーズなどで味を足します。用途によっては、戻すときの塩の抜き方を変えたりもします。（今井）

作り方

1. バッカラは、毎日水を取り替えながら、4日から1週間かけて塩を抜いておく。
2. 鍋に**1**とじゃが芋以外の野菜、白ワイン、水を入れ、バッカラが柔らかくなるまで煮る。
3. 別鍋で、3％の塩を入れた水にじゃが芋を入れ、柔らかくなるまで茹で、皮をむいて裏漉しにする。
4. **2**は、そのまま冷ましてからバッカラを取り出し、皮と小骨を除いてほぐす。
5. ボールに**3**、**4**、パルミジャーノ、パセリを入れて混ぜ、塩・胡椒で味をととのえ、丸めて小麦粉、溶き卵、パン粉の順でつけ、160℃のひまわりオイルで揚げる。
6. 表面がきつね色になったら引き上げ、油をよくきって、トマトソースをしいた皿に盛る。ミントの葉を飾る。

塩蔵品なので、まず塩抜きをする。毎日水を替えながら、4日〜1週間かけて塩を抜く。

塩を抜いたら、次は戻す工程。白ワイン、野菜などと共にバッカラを鍋に入れ、柔らかくなるまで煮る。

柔らかくなったら、皮と骨を外して身をほぐし、他の材料と共に合わせてコロッケにする

シラスのゼッポリーネ

南の伝統的な料理で、シチリアには海苔（alge）のゼッポリーネもあります。発酵生地ですので揚げ物でも口当たりが軽く、ワインのつまみにぴったりの料理です。

ナポリで出されるこの料理は、何もかけずにシラスに含まれている塩味で楽しみます。（今井）

材料

12人分
小麦粉「ティッポ00」…500g
塩…6g
グラニュー糖…2.5g
水…400〜500cc
生イースト…38g
E.X.V.オリーブオイル…8g
生シラス…150g
オリーブオイル…適量
ロメインレタス…適量
赤玉ねぎ…適量

作り方

1. ボールにイーストを入れ、水を注いでよく溶かす。
2. 小麦粉に塩とグラニュー糖を入れてかき混ぜ、**1**に入れ、E.X.V.オリーブオイルを注いでよく混ぜ合わせる。
3. 粉けがなくなったら生シラスを入れ、2〜3時間ほど発酵させる。
4. 鍋にオリーブオイルを熱し、**3**を2本のスプーンですくい取りながら丸めて揚げる。
5. 色よく揚がったら取り出してよく油をきり、皿に盛る。ロメインレタスと赤玉ねぎを添える

イーストやグラニュー糖などを加えた生地に、シラスを生のまま入れて混ぜる。

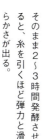

そのまま2〜3時間発酵させると、糸を引くほど弾力と滑らかさが出る。

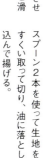

スプーン2本を使って生地をすくい取って切り、油に落とし込んで揚げる。

魚介の前菜

メゴチのフリット

魚介のフリットは前菜の定番で、白身の小魚をフリットは北でも南でも食べられています。カリッと揚げるには、揚げ衣にガス入りミネラルウォーターやビールなどを入れると上手く仕上がります。メゴチは冬から春が旬で、日本では天ぷらにされる魚です。(谷本)

材料

- メゴチ…10尾
- 小麦粉…25g
- 卵黄…1個分
- ガス入りのミネラルウォーター…適量
- パンチェッタ(薄切り)…5枚
- ひまわりオイル…適量
- イタリアンパセリ…適量

作り方

1. メゴチは尾の方から背ビレに包丁を入れ、そのまま頭に切れ目を入れて引っ張り、内臓と皮も一緒に外したら、背骨に沿って包丁を入れて切り取り、松葉おろしにする。
2. **1**の身はパンチェッタを巻きつける。
3. ボールに小麦粉、卵黄、ミネラルウォーターを入れ、天ぷら衣と同じくらいの硬さにする。
4. **3**の衣に**2**を付け、180℃に熱した油でカリッと揚げる。油をきり、皿に盛ってイタリアンパセリを添える。

イソギンチャクのフリット

イソギンチャクを使うのは、サルディーニャ島の料理です。イソギンチャクを獲ると、その場所から3年は育たないので、乱獲がないよう、地元では漁場が管理されているそうです。日本でも、五島列島で食用イソギンチャクを獲っているそうです。(今井)

材料

4人分
イソギンチャク…20個
ベニエ生地(薄力粉200g、ドライイースト3g、塩5g、砂糖10g、水300cc)…適量
薄力粉…適量
ひまわりオイル…適量
塩・胡椒…各適量
レモン…1個

作り方

1 ベニエ生地を作る。材料を全てボールに入れて混ぜ合わせ、26℃のところで約30分置き、発酵させる。
2 イソギンチャクは、口に貝殻の破片などが入っていたら取り除き、軽く塩で揉んで水で洗い流す。
3 2の下処理したイソギンチャクは、塩・胡椒をして薄力粉をまぶし、1の生地を付けて160℃のひまわりオイルで揚げ、余分な油をきる。
4 皿に盛り、レモンを添える

磯の香りが濃厚なイソギンチャクは、必ず「食用」で流通しているものを使うこと。猛毒を持つものもあるので、注意が必要。

魚介の前菜

ウナギのテリーヌ サパと赤ワインのソース

ウナギのうま味を楽しむテリーヌです。エミリア・ロマーニャで市内に干潟があるコマッキオの町では、ウナギがよく食べられています。地元で食べるのは天然物で胴の部分が10cm近くある大物でした。ブドウ液で作る甘い調味料のサパをかけて食べます。(今井)

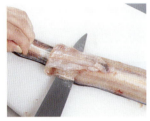

ウナギは、頭を落として腹から開く。使うときは皮も引いてしまう。

下味をしたウナギだけを型に詰めて焼く。冷ますと、ウナギのゼラチン質で固まってまとまる。

材料

テリーヌ型1台分
ウナギ（開いて皮を
　引いたもの）…14尾分
タイム（葉だけのもの）…5g
白ワイン…適量
塩・胡椒…各適量

木の実類（煎ったもの）
　…適量

●ソース
エシャロット（スライス）…50g
赤ワイン…400cc
サパ…100cc

作り方

1　型にアルミホイルをしき詰め、オリーブオイル（分量外）を軽くぬる。
2　ウナギは塩・胡椒をし、タイム、白ワインをふりかけて1の型に詰め、アルミホイルを閉じ、蓋をする。
3　2は160℃のオーブンで約50分湯煎にかける。火が通ったら、氷水で冷ます。
4　ソースを作る。エシャロットと赤ワインを、弱火で1/4量まで煮詰め、漉して冷ます。漉したものにサパを加え、混ぜ合わせる。
5　3は冷めたら型から外し、1.5cm厚さに切って盛り、4をかけ、木の実をふる。

ANTIPASTOのテクニック

前菜メニューを広げるには、素材や調理法を工夫する以外に、ソースを工夫する手法もあります。ここではその一つとして、マルメラータを紹介しましょう。作ったら密閉容器に入れ、熱できちんと殺菌すれば日持ちします。少し個性を出したいときには便利です。(谷本)

いちじくのマルメラータ　カラメル風味(左)
赤玉葱のマルメラータ(右)

いちじくのマルメラータ、カラメル風味

イタリアのジャム。日本でジャムといえば果物のものですが、マルメラータは野菜のものもあり、チーズに少し付けて食べます。

材料

いちじく…600g
グラニュー糖…150g
レモン汁…1/2個分
蜂蜜…150g

作り方

1. いちじくは皮をむき、二等分する。
2. フライパンにグラニュー糖を入れて熱し、薄い茶褐色のカラメルになってきたら、1と蜂蜜を入れ、焦がさないよう常に混ぜながら濃度のある濃いカラメル状に仕上げる。途中でレモン汁を加える。
3. 熱いうちに密閉できるビンに詰め、蓋を固く閉め、そのまま逆さにして冷ます。中が熱で殺菌されたら自然に冷まして使う。

赤玉ねぎのマルメラータ

玉ねぎ本来の甘さと香りが楽しめるジャムです。イタリアでは甘みのある小ぶりの赤玉ねぎで作りますので、日本では甘くて柔らかい新玉ねぎを使うと、美味しいマルメラータが作れます。

材料

赤玉ねぎ(スライス)…1kg
赤ワイン…70cc
クローブ…適量
タイム…適量
グラニュー糖…10〜15g
バター…60g
塩…少々

作り方

1. バターで玉ねぎを焦がさないように炒め、香草とスパイスを加える。
2. 残りの材料を加え、全体に赤い色が濃くなったら、フードプロセッサーで回し、滑らかなピュレ状にする。
3. 密閉ビンに入れてしっかりと蓋をし、ビンが被るくらいのお湯に入れて沸騰させながら10分程煮沸させ殺菌する。

肉の前菜

肉を使った前菜料理としては、メイン料理に影響を及ぼさず、あっさりと仕上げるために鶏肉を利用してサラダ仕立てにしたり、ポーションを小さくしたりすることが多い。さらに手軽なパーティーの前菜や、高級食材を使った前菜なども紹介しましょう。

鶏ムネ肉とレーズンのカレー風味

イタリアではカレー粉は煮込みに使うことが多く、その香りから「オリエンタル風」と名づけられることもあります。この料理ではカレーの風味とレーズンの甘みで、大人から子供にまで出せます。前菜だけでなく、パニーニに挟んだりすることもできます。（谷本）

材料

- 鶏ムネ肉…1枚
- レーズン…20g
- カレー粉…少々
- セロリ（スライス）…20g
- マヨネーズ…60g
- 生クリーム…15cc
- 塩・胡椒…各適量
- 好みの野菜…適量

作り方

1. レーズンは、たっぷりの水を張った鍋に入れて火にかけ、完全に膨らむまでボイルし、ザルにあげて水けをきっておく。
2. 鶏肉は皮を取り除き、塩・胡椒をしてアルミホイルに包み、オーブンで蒸し焼きにして冷ましておく。
3. 2は、冷めたら肉の繊維に沿って細かく裂き、ボールに入れる。
4. カレー粉をよくまぶし、セロリ、1のレーズンを入れ、マヨネーズを加えて混ぜ合わせる。
5. 生クリームを入れて和え、味をととのえる。好みの野菜と共に皿に盛る。

ANTIPASTO ▶ 前菜 ● 肉の前菜

鶏モモ肉のサラダ仕立て

クールブイヨンで鶏肉をじっくりと茹でて鶏のブロードを取り、その鶏肉もサラダ仕立てにして提供してしまう、一石二鳥の料理です。茹でて味が抜けた分を他の素材と合わせて味を補い、トマトビネガーでさっぱりと食べられるサラダ仕立てにしました。(今井)

材料

鶏モモ肉…200g
クールブイヨン(玉ねぎ200g、人参100g、セロリ100g、ローリエ1枚、黒胡椒少々、イタリアンパセリ5〜6枚、白ワイン100cc、原塩少々、水4ℓ)
人参(拍子木切り)…20g
セロリ(拍子木切り)…20g
グリーンオリーブ(粗めのみじん切り)…20g
レーズン(ぬるま湯で戻したもの)…20g
松の実(煎ったもの)…10g
にんにく(みじん切り)…少々
トマトビネガー…大さじ2
E.X.V.オリーブオイル…適量
塩・胡椒…各適量

作り方

1 クールブイヨンの材料を火にかけ、沸騰したら弱火にして20分煮る。
2 鶏肉を1に入れ、弱火で5〜7分茹でたら、火を止めてそのまま常温で冷ます。
3 冷めた肉を取り出して拍子木切りにし、ボールに入れて塩とオイル以外の材料を加えて混ぜ合わせ、塩で味をととのえ、オイルをかける

クールブイヨンと鶏肉を弱火にかけ、20分ほど茹でる。茹で汁は漉して鶏のブロードとして使える。

鶏肉と野菜、トマトビネガー、オリーブオイル、塩・胡椒で味つけする。

肉の前菜

ホロホロ鳥のサラダ レモン風味

地鶏のような濃い風味で注目度の高い、ホロホロ鳥を使ったサラダ仕立ての一品です。
ドレッシングの素材として使ったリモンチェッロはカプリ島で作られており、食後酒に用いられるもので、
ドレッシングのほか様々な料理にも使われます。（今井）

材料

4人分
ホロホロ鳥骨つきモモ肉…1本
レーズン（ぬるま湯で戻したもの）
　…10g
紅玉りんご（せん切り）…1個分
スカモルツァ（せん切り）…60g
黒オリーブ（種をとったもの）…12粒

塩・胡椒…各適量
ミックスベリーリーフ…適量
プチトマト…適量
レモン（スライス）…適量

●ドレッシング
にんにく（みじん切り）
　…1/2片分
E.X.V.オリーブオイル…少々
レモンジュース…300cc
リモンチェッロ…60cc
無塩バター…15g

作り方

1　ホロホロ鳥は、塩・胡椒をしてローストし、冷ましておく。
2　1は細かくほぐしてボールに入れ、レーズン、りんご、スカモルツァと黒オリーブを合わせ、塩・胡椒で味をととのえる。
3　ドレッシングを作る。鍋にオイルを入れ、にんにくを入れて弱火できつね色になるまで炒める。レモンジュースとリモンチェッロを注いで煮詰め、漉してバターを加え、塩・胡椒で味をととのえる。
4　皿に2を盛り、3をかけ、ミックスベビーリーフをちらす。半割りにしたプチトマトとレモンを飾る。

鳩のパテ 白トリュフ添え

ピエモンテのトリノで食べた料理で、一緒に添えたパンにぬって食べる、手軽な前菜です。鳩は身が小さいので、肉のジューシーさが抜けないよう丸のまま焼いてから身をほぐします。鳩の味の濃厚さは、じゃが芋とバターが加わることで丁度よくなります。(今井)

材料

8人分
鳩…1羽
ローズマリー…1枚
にんにく…1片
じゃが芋…320g
バター…120g
レモン汁…1/2個分
塩・胡椒…各適量
E.X.V.オリーブオイル…適量
白トリュフ…適量
フィセル(細めのフランスパン)…適量

作り方

1 鳩は、腹の中にローズマリー、にんにく、塩・胡椒、オイルを詰め、たこ糸で縛って形をととのえる。
2 160℃のオーブンに入れて焼き上げ、中まで火が通ったら取り出し、身をほぐしておく。
3 じゃが芋は、3%の塩を入れた水で皮ごと茹で、火が通ったら取り出し、皮を除いて裏漉しをする。
4 3はボールに入れ、2とバターを合わせ、レモン汁を加え、塩・胡椒で味をととのえてから、型に入れて冷やす。
5 型から外してカットし、トリュフをスライスしてかける。フィセルをスライスし、軽くトーストして添える。

肉の前菜

カエルのフリット

カエルも、ウナギと同様に沼地のコマッキオの名物。地元では、パンをエサにしてカエルを釣っているそうです。そのカエルのフリットは、シンプルながらコマッキオの名物料理。見た目はちょっとグロテスクですが、鶏肉に似た上品な味わいです。(今井)

材料

4人分
- カエルの足(皮をとったもの)…24本
- 溶き卵…2個分
- コーンスターチ…適量
- 塩・胡椒…各適量
- ひまわりオイル…適量
- レモン…適量
- ローズマリー…適量

作り方

1 カエルの足は背骨の部分を切り落とし、半分に切って足を1本ずつにする。
2 1に塩・胡椒をし、卵にくぐらせ、コーンスターチをつけ、余分な粉を払い落とす。
3 160℃のひまわりオイルで2を揚げ、余分な油をきる。
4 皿に盛り、ローズマリーをさしたレモンを添える。

仔羊と野菜の串揚げ サフラン風味

串に刺した料理は、取りやすく食べやすいことから、イタリアはパーティーのメニューとしてよく出されるほか、保養地のプライベートビーチなどでは出前メニューとして出されることもあります。軽い食感を出すため、ガス入りの水で衣をカリッとさせます。（谷本）

材料

3本分
- 赤・黄パプリカ（3cm角に切ったもの）…各6個分
- ズッキーニ（1.5cm幅の輪切り）…3切れ
- 仔羊肉のカブリの部分（角切りにして約2時間マリネしたもの）…16g×6切れ
- 小麦粉…適量
- ガス入りミネラルウォーター…適量
- サフランパウダー…適量
- 小麦粉・ポレンタ粉…各適量
- 塩・胡椒…各適量
- ひまわりオイル…適量
- レモン…適量

作り方

1. 肉と野菜を均等に竹串に刺し、塩・胡椒をふる。
2. ボールにサフランパウダーを入れ、少量の水で溶いて小麦粉を加える。ガス入りのミネラルウォーターを加えてよく溶き混ぜる。濃度は天ぷら衣と同じ位の硬さにする。
3. **1**に小麦粉と**2**を軽くつけ、ポレンタの粉を少量つけて、180℃のオイルで揚げる。中まで火が通ったら、取り出して油をよくきり、塩適量をふり、レモンを添える。

PRIMO P

パスタの味づくりでは、どうしてもソースに目が行きがちです。
しかし、ソースの調理以外にもっと基本的で、見落としがちな点があります。
それが、下に紹介した4つのポイントです。
このポイントが上手くいけば、今のままでパスタ料理の味のレベルが、ぐんとアップします。（谷本）

▶▶▶▶ 塩の重要性

パスタを茹でるときは、必ず塩を加えたお湯に入れます。イタリア料理が浸透している現在でも、塩を加える意味を知らない人は意外に多いようですが、イタリアで古くから行なわれてきた手法ですから、合理的な理由があります。一つは、パスタの食感を引き締めるため。そしてもう一つは、パスタに「下味」をつけるためです。どの調理でも同じことですが、素材に下味をつけたものとそうでないものとでは、完成した料理の味の深みが違います。パスタの茹で汁の塩味にも、これと同じ意味があります。パスタに薄く塩味をのせることで小麦粉の味が深まり、ソースとの一体感も生まれます。ソースにしっかり塩けをきかせるので、茹で汁に塩を使わないという人もいますが、それでは完成した料理にコクが生まれないと思います。なお、茹で汁の塩は、お湯に対して1％量が適正量です。

IATTO

パスタ調理の4つのポイント

▶▶▶▶▶ 茹で時間の見極め

パスタの茹で時間は、乾麺なら包装袋に表記された時間を守っているかたも多いと思いますが、包装紙に書いてある茹で時間は、あくまでも目安と考えてください。例えばボロネーゼのようにパスタにソースをさっとからめる料理と、トマトソースのパスタのようにパスタとソースを鍋の中でよく和える料理では、共に同じ太さのパスタを使う場合でも茹で時間は変える必要があります。ボロネーゼのようにこってりと汁けの少ないソースなら、パスタは袋の時間通りでいいでしょう。一方、あっさり味で汁けの多いソースでは、ソースをパスタに染み込ませるようにして仕上げますので、アルデンテに茹でるとパスタにソースが染み込まず、しかも火が入りすぎて「のびた」状態になってしまいます。パスタ料理は、適正な茹で時間を見極めるプロの調理技術が必要な料理なのです。

▶▶▶▶▶ ソースとの組み合わせ

パスタとソースの相性は、味よく作るための重要なポイントです。パスタには、表面がザラザラしたタイプや、ツルッとしたタイプ、またひだのあるものや筋が入ったものなどがあります。形や長さが同じでも、パスタ表面の特徴によってソースがからみやすく、染み込みが早くなったりします。例えばリガーテ（スジ入りのパスタ）は、ソースを溝にからみやすくするためのものです。そこで、パスタの特徴と相性の良いソースを組み合わせることが大切になります。ザラつきのあるタイプやリガーテに濃厚なソースをじっくりと合わせてしまうと、ソースの味が勝ちすぎたしつこい味のパスタになってしまうからです。表面がツルッとしたタイプのパスタには濃度のあるソースが、逆にザラッとしたタイプや筋のあるタイプは濃度の薄いソースを合わせます。

▶▶▶▶▶ 仕上げの乳化作業

最後に、パスタの調理で最も重要な技術が、仕上げの「乳化」作業です。イタリアでは「Emulsióne e condiménti」といい、当たり前のように行われているこの作業は、きちんとマスターできていない店も見受けられます。皿に盛る直前に鍋のパスタにE.X.V.オリーブオイルを加え、手早く和えてオイル分をソースの水分と乳化させます。このことでオリーブの爽やかな風味をパスタに添えるとともに、パスタとソースがより一体化し、また乳化作用によってソースの味がまろやかに仕上がります。このときしっかりと乳化させていないと、乳化していないオイルが流れ出て、食べたときには油っぽさだけが際立ってしまい、お客様の印象としては逆効果になってしまうので、注意が必要です。乳化の基本的な作業手順と注意点は、64〜67ページに詳しく紹介しましたので、参照して下さい。

ソースの濃度と茹で時間

「パスタはアルデンテに茹でる」は基本ですが、それが全てではありません。合わせるソースによってパスタの茹で時間は調整する必要があります。ここでは水分の多いソースと、逆に濃度のあるソースにわけて紹介します。（谷本）

❖ 水分の多いソース ❖

トマトソースなどの水分の多いソースでは、パスタはアルデンテ一歩手前で茹で上げる。

芯を残すと、水分を吸収する余地がある。ソースをパスタに吸わせながらアルデンテに仕上げる。

紋甲イカ足のカラマリ サレルノ風

カラマリとは本来はヤリイカのことで、ここではイカの胴を筒切りにしたような形のナポリのパスタです。
魚介のソースに最適のパスタで、サレルノのリストランテで教わったこの料理は、イカのブロードを使うのがポイント。ポモドリーニと合わせると、驚くほど美味しく仕上がります。

材料

1人分
カラマリ…80g
紋甲イカのゲソ（柔らかく煮たもの）…60g
ポモドリーニ…70g
赤唐辛子…適量
にんにく…1片
イカのブロード（下記参照）…70cc
オリーブオイル…20cc
E.X.V.オリーブオイル…10cc
バジリコの葉…4〜5枚
塩…適量

作り方

1. 沸騰した湯に1％の塩を入れ、カラマリを茹でる。
2. フライパンにオリーブオイルと赤唐辛子、つぶしたにんにくを入れて弱火にかけ、香りを移したらにんにくを取り出す。
3. 2に適当な大きさに切ったイカのゲソ、ポモドリーニ、イカのブロード、赤唐辛子を加え、ひと煮立ちさせる。
4. カラマリは、アルデンテより少し早めにあげて湯きりし、3に加えてソースを吸わせながら和え、アルデンテの状態に仕上げて火から外す。
5. 仕上げにE.X.V.オリーブオイルを振り入れて一気に混ぜ、乳化させる。
6. 皿に盛り、バジリコの葉をちらす。

【イカのブロードの作り方】
紋甲イカなどのゲソ1kgに対し、玉ねぎ1個、セロリ1本、多めの水と塩少々を加えて火にかけ、コトコトとイカが柔らかくなるまで煮込んで漉す。柔らかくなったイカとブイヨンは別々に取っておき、パスタの具材などにする。

❖ 濃度のあるソース ❖

ペンネ ゴルゴンゾーラチーズ和え

チーズをソースに使うパスタは、一般には北の地方に多いもの。
チーズ系やクリーム系など濃度のあるソースでは、
パスタはアルデンテに茹で上げ、ソースにからめながら仕上げます。
このソースは濃度がありますので、
筋入りでも筋なしでもパスタにからみます。

チーズ系やカルボナーラのような濃度のあるクリーム系ソースでは、アルデンテに茹でる。

ソースはパスタに染み込ませず、さっとからめながら仕上げる。

材料

1人分
ペンネ…80g
白ワイン…30cc
ゴルゴンゾーラ…45g
生クリーム…30cc
パルミジャーノ(すりおろし)…10g
パセリ(みじん切り)…少々
塩…適量

作り方

1. 沸騰した湯に1%の塩を入れ、ペンネを茹でる。
2. フライパンに白ワインを注ぎ、ゴルゴンゾーラを入れて弱火で溶かす。チーズが溶けたら生クリームを加え、少し煮詰めてとろみをつける。
3. アルデンテに茹で上げたペンネ、湯きりして2に入れ、パルミジャーノをふり入れてからめながら和える。
4. 皿に盛り、パセリをちらす。

パスタとソースとの相性

ショートパスタには、同じ形でも筋のあるものとないものがあります。これらの使い分けは、ソースとの相性で決めます。使い分けを知っておくと、パスタとソースとのバランスのとれた料理に仕上げられます。（今井）

❖ 筋なしパスタ ❖

筋の入っていないパスタは、例えばペンネでは穴にソースが入るが、表面がつるんとしているため、ソースの味は比較的のりにくい。

ペンネのパイ

筋の入ってないペンネを使ったパスタで、いわゆるマカロニグラタンの原型といってもいい料理です。ベシャメッラを仕込んでおかなくて済み、手軽に作れる素朴な一品です。生クリームをメインに卵で素材をつなぎ、モルテデッラ、スペックなどで味にコクを出します。

パスタ自体に味がのりにくいので、ソースにはチーズ系やクリーム系など、こってりした濃厚な味のものを合わせるとよい。

材料

4人分
- ペンネ（筋なし）…200g
- スペック（小角切り）…60g
- モルタデッラ（小角切り）…60g
- 生クリーム…60cc
- 無塩バター（常温で柔らかくしたもの）…60g
- 卵…2個
- 塩・胡椒…各適量
- パルミジャーノ（すりおろし）…少々

作り方

1. 沸騰した湯に1％の塩を入れ、ペンネを加えてアルデンテに茹で上げて湯きりしておく。
2. 卵は卵黄と卵白に分ける。卵黄はボールに入れ、バター、生クリーム、スペックとモルタデッラを加えて混ぜ合わせる。
3. 卵白は八分立てにし、1とともに2に加え、塩・胡椒で味をととのえる。
4. 耐熱皿にバター（分量外）を薄くぬっておき、3を入れ、パルミジャーノを好みでかけて160℃のオーブンで焼き上げる。

❖ 筋のあるパスタ ❖

ショートパスタに多い筋入りのパスタ。表面の筋の部分にソースが留まり、味が比較的のりやすい

味がのりやすい筋入りのパスタには、あっさりタイプのソースを合わせた方が、味のバランスがよい

平目とトマトのペンネ

魚介類の中でもイタリアでよく使われる、ヒラメを使ったパスタです。
筋のある（リガーテ）タイプのショートパスタには、
トマトの水煮を使ったあっさり味のソースを合わせ、
最後に風味の高いドライパン粉をふって仕上げました。

材料

4人分
ペンネ（リガーテ）…240g
ヒラメ…240g
にんにく（みじん切り）…1片分
トマトの水煮（裏漉し）…180cc
白ワイン…90cc
バジリコの葉…8枚
ドライパン粉…20g
にんにくパウダー…少々
イタリアンパセリ（みじん切り）…少々
塩・胡椒…各適量
E.X.V.オリーブオイル…適量

作り方

1. 沸騰した湯に1%の塩を入れ、ペンネをアルデンテに茹で上げ、湯きりしておく。
2. ドライパン粉、にんにくパウダー、イタリアンパセリはテフロンパンで空煎りし、軽く塩・胡椒をしておく。
3. 鍋にE.X.V.オリーブオイルを注ぎ、にんにくを入れて弱火で炒め、きつね色になってきたらヒラメを加えてほぐしながら炒める。
4. 白ワインを注いでアルコール分を飛ばし、トマト水煮の裏漉しを入れて軽く煮込む。
5. **1**の茹で上げたパスタを**4**のソースに加え、塩・胡椒で味をととのえる。バジリコを手でちぎって加え、火から外してオリーブオイルを入れてからめる。
6. 皿に盛り、**2**をふりかける。

PRIMO PIATTO ▶ プリモピアット ● パスタとソースとの相性

味を高める、乳化の技術

パスタ調理で最も大切なポイントが、仕上げの「乳化」作業。オリーブオイルを調味料と捉え、パスタの仕上げにオリーブの風味をプラスする手法。乳化作用によってソースがパスタにからみやすくなり、味もまろやかになる。

海の幸とフレッシュトマトのスパゲッティ

魚介類を豊富に使ったパスタは、一般的には「ペスカトーレ」（漁師風）となるのですが、ここでは食べやすくするため貝類の殻は全て外してリストランテの料理としたため、「海の幸スパゲッティ」としました。基本的に、魚介は何を使っても構いません。（谷本）

❖水分の多いソースの場合❖

材料

2人分
スパゲッティ…160g
にんにく…2片
ムール貝…4個
アサリ…150g
小エビ…100g
イカ…50g
ホタテ貝柱…2個
白身魚…適量
ポモドリーニ…130g
白ワイン…100cc
塩…適量
オリーブオイル…60cc
E.X.V.オリーブオイル…適量
パセリ(みじん切り)…少々

作り方

1. 沸騰した湯に1%の塩を入れ、スパゲッティを茹でる。
2. フライパンに潰したにんにくとオリーブオイルを入れ、弱火で熱してオイルに香りを移し、にんにくを取り出す。
3. 魚介類を全て入れ、強火で少し炒めたら、白ワインを注ぎ、蓋をして貝の口を開かせる。
4. ポモドリーニを加え、少し潰しながらソースを煮詰める。
5. 1のスパゲッティは、アルデンテより少し固めに茹でて湯きりし、4に入れてフライパンをあおり、ソースを染み込ませながらアルデンテに仕上げる。仕上にE.X.V.オリーブオイルをふり入れ、手早くかきまぜて乳化させる。
6. 皿に盛り、パセリをふる。

オイルを加えたら約10秒ほど、一気に思い切りかき混ぜる。火から外して行うと、失敗しにくい。

パスタとソースをからめたら、最後の仕上げとしてE.X.V.オリーブオイルをふりかける。

PRIMO PIATTOのテクニック

パスタの仕上げで乳化を行う際に、用意しておくと便利な道具・食材を紹介しましょう。他の調理にも使えます。

オイル容器
オイルを細く万遍なくふり入れる容器。日本でも販売されているので活用したい。

ブーロ・モンタート
オリーブオイル以外に、パスタなどのソースをつなぐ食材。作り方は151ページ。ブールマニエより軽く仕上がる。

PRIMO PIATTO ▶ プリモピアット ● 味を高める、乳化の技術

味を高める、乳化の技術

❖オイルソースの場合❖

乳化に必要な水分が少ないオイル系は、仕上げに味をみてパスタの茹で汁かお湯を少量足す。

水分を入れて加熱したら、火からおろしてからオリーブオイルを加えて一気にかき混ぜ、ソースを乳化させる。

乳化がうまくいくと、ソースはトロリとした状態になる。乳化を失敗しないためには、使用する油に、乳化しやすく無味無臭のひまわり油を使ってもよい。

にんにくと唐辛子 オリーブオイルのスパゲッティ

オイルソースパスタの代表格で、基本中の基本のパスタです。味の構成がシンプルなので、シェフの技術が試される一品といっていいでしょう。これまでにあまり紹介されてこなかった、本場の作り方を紹介します。（今井）

材料

4人分
スパゲッティ…400g
にんにく（スライス）…8片分
タカノツメ…2本
E.X.V.オリーブオイル…120cc
塩…適量
パセリ（みじん切り）…適量

作り方

1 沸騰した湯に1％の塩を入れ、スパゲッティを茹でる。
2 鍋ににんにく、種を取ったタカノツメとE.X.V.オリーブオイル80ccを入れて弱火で炒め、にんにくがきつね色になったら、パセリと**1**の茹で汁を少し加える。
3 パスタがアルデンテより少し固めに茹だったら、ザルにあげてよく湯きりし、**2**の鍋に加える。
4 鍋をあおってソースとパスタをよくからめ、塩で味をととのえ、火からおろして残りのオイルを加えてよく混ぜてからめる。水分が足りない場合は、**1**の茹で汁を少し加えて乳化させる。
5 皿に盛る。

PRIMO PIATTO ▶ プリモピアット
● 味を高める、乳化の技術

手長エビとピゼリーニのスパゲッティ

ボローニャで食べたときは平打ちのパスタのメニューでした。それをスパゲッティで応用してみました。ピゼリーニはイタリアのグリンピースのことで、日本のものより小さく、味が濃厚なのが特徴です。手長エビは身の半量をみじん切りにして炒め、味を引き出します。（谷本）

材料

1人分
スパゲッティ…80g
手長エビ（むき身）…50g
ピゼリーニ（またはさっと茹でたアスパラガス）…適量
エシャロット（みじん切り）…小さじ1
ブランデー…10cc
肉のブロード…適量
E.X.V.オリーブオイル…適量
塩…少々

作り方

1　沸騰した湯に1％の塩を入れ、スパゲッティを茹でる。
2　手長エビの半量は粗みじんにし、残りは大きめに切って、オイルを熱したフライパンにすべて加えソテーする。途中でピゼリーニも加える。
3　エシャロットを加え、軽く炒めてブランデーをふり、アルコール分を飛ばしたら、ブロードを注いで味をととのえる。
4　1のスパゲッティはアルデンテより少し固めに茹で上げ、湯きりして3に加え、フライパンのソースを吸わせながら和える。水分が足りない時は、1の茹で汁を加え、多めのE.X.V.オリーブオイルをふり入れながら一気に乳化させて仕上げ、皿に盛る。

茹でても、茹でなくても使えるパスタ

乾燥パスタは茹でてから調理するもの——と思いがちですが、昔は茹でずにそのまま使うこともありました。ソースの水分量調整に慣れが必要でも、ロスが出ず、時間も短縮できます。ラザニアを例に、茹でて作る一般的な手法と、イタリアの古典的な技法を紹介。

❖ 茹でて使う ❖

バターをぬった容器に、なすやチーズなどの具材を、重ねるようにのせる。

具材とパスタが一層になるこの料理では、茹でたラザニアを最後にのせ、その上から適量のソースを流す。

トマトとナスのラザニア

ソレントで食べたパスタです。水分は、パスタの上からかけるトマトの水煮だけというシンプルさが特徴です。ラザニアは、パスタの形を活かして層に重ねていく料理ですので、この料理のようにソースの内容の工夫で、バリエーションを広げることができます。(今井)

材料

8人分
ラザニア…12枚
ポロねぎ(斜め切り)…120g
なす(小角切り)…4本分
モッツァレラ…120g
グラナパダーノ(すりおろし)…適量
バター…少々
オリーブオイル(揚げ湯用)…適量
オリーブオイル(ソテー用)…適量
塩…少々
トマトの水煮(裏漉し)…360g

作り方

1 沸騰した湯に1%の塩を入れ、ラザニアを重ならないようにして入れ、アルデンテに茹でたら、ザルにあげて水けをよく拭き取っておく。
2 ポロねぎは軽く塩をし、オリーブオイルで炒めておく。
3 なすは軽く塩をしてアクを拭き取り、高温のオリーブオイルで揚げておく。
4 バターを薄くぬった耐熱皿に**2**、**3**と2種類のチーズを入れ、トマトの水煮をかけ、**1**のパスタをのせる。これを2〜3層になるよう繰り返し、最後にグラナパダーノとバター、トマト水煮をかけ、180℃のオーブンで焼き上げる

PRIMO PIATTO ▶ プリモピアット

● 茹でても、茹でなくても使えるパスタ

ボローニャ風ラザニア

ボローニャ風ラグー(作り方は118ページ)で作る、定番のラザニアです。ラザニアは一度の仕込みで大人数分を作れ、しかもある程度保温もきくので、大人数のパーティーにも重宝します。トラットリアなどでは、仕込んだ容器ごと出てくるところもあります。(谷本)

材料

31cm×23cmのキャセロール1台分
ラザニア…適量
ボローニャ風ラグー(118ページ参照)…500g
パルミジャーノ(すりおろし)…200g
ベシャメッラ(120ページ参照)…300cc
バター…適量

作り方

1. 沸騰した湯に1%の塩を入れ、ラザニアを茹でる。茹で上がったら湯から引き上げ、水分を拭き取り、容器の大きさに合わせてカットする。
2. バターをぬったキャセロールの底に、**1**を敷き詰める。パスタが足りないときは継ぎ足しても良い。
3. ラグーとベシャメッラを別々に温め、パスタの上に流し、パルミジャーノをふりかける。
4. **2〜3**の作業を繰り返し、4〜5層にして一番上にもラグーをのせ、パルミジャーノと小切りにしたバターをちらし、180℃に温めたオーブンで約20〜25分焼き上げる。

茹でても、茹でなくても使えるパスタ

❖ 茹でずに使う ❖

ナポリ風ラザニア

ナポリタンソースの原型のナポリ風トマトソース（作り方は117ページ）を使った、「今井流」のナポリ風ラザニアです。
正方形の小さいラザニアを茹でずに用い、たっぷりのソースで1人分ずつの器に仕上げました。チーズは、南部産のプロボローネを使います。（今井）

野菜と肉がたっぷり入ったソースと、茹でていないラザニアを2〜3層に重ねる。

最後にプロボローネをのせ、乾麺を重ね、上からたっぷりのソースを流す。

材料
8人分
ナポリ風トマトソース
　（117ページ参照）…800cc
ラザニア…20枚
プロボローネ…適量

作り方
1. 耐熱皿にナポリ風トマトソースを流し、スライスしたプロボローネをのせる。
2. チーズの上に、茹でていないラザニアをのせる。
3. 1、2の作業を繰り返して2〜3層に重ね、最後にソースをかけ、160℃のオーブンで焼き上げる。

ナポリ風 ラザニア

シェフによって作り方は異なるのがラザニア。ナポリ風ラグー（作り方は119ページ）を用いるのが「谷本流」ラザニアです。
ここでは茹でていないラザニアそのままの形をできるだけ活かし、四角い耐熱皿にラザニアを並べて焼き上げてみました。（谷本）

乾燥パスタを茹でずに使う場合は、ソースの水分を浸透させるので、水分量はやや多めが目安。割れたパスタもそのまま使えるので、経済的。

ラグーを器に流し、ラザニアを茹でずに並べ、再びラグーをのせる。ソースでパスタを挟むようにすることで、パスタが水分を吸収しやすくなる。

材料

31cm×23cmの
キャセロール1台分
ラザニア…25枚
ナポリ風ラグー（119ページ参照）
　…約1kg
モッツァレラ…300g
パン粉…適量

作り方

1. キャセロールに温めたラグーを流し、ソースの上に茹でていないラザニアをしき詰め、モッツァレラをちらす。
2. さらにラザニアをのせてソースを流し、モッツァレラをのせる。この作業を繰り返し5層にして、最後にソースを塗ってチーズをかけ、パン粉をふる。
3. 約150℃のオーブンで焼き上げる。

食材のテクニック

ソフリット

ソフリットは、店で作る調味用食材の代表的な一つです。ローリエやベーコンを入れたりと、作り方は様々ですが、ここでは私が作っている、最もシンプルなソフリットの作り方を紹介しましょう。作り置きしておけば、オーダーが立て込んだときに非常に便利です。

玉ねぎ250g、人参・セロリ各125gはみじん切りにし油を注ぐ。

油が回るよう、軽く炒めてから、蓋をしてオーブンで火を通す。

低温でじっくり加熱し、甘みを出したソフリットの完成。

アンチョビ

缶詰やビン詰の製品が一般的なアンチョビ。これは、冬場にヒコイワシ（カタクチイワシ）の鮮度のいい物がたくさんはいったときに、仕込んでアンチョビにするといいでしょう。パスタや他の料理など、使い道は豊富です。

ヒコイワシをおろす。身が柔らかいので、梱包用のビニール紐を輪にして使うと簡単。

塩と粗塩をブレンドしたものを使う。おろした魚は皮を下にして並べ、塩をする。

1ヶ月間置く。途中で水が出てきたら、その都度吸い取る。漬かりすぎないよう、店では魚は重ねて層にせず、大きめのバットで広げて並べている。

塩を洗い流して密閉できるビンに入れ、オリーブオイルに漬け込む。

日常の調理でよく使う調味料の食材には、缶詰や加工品などが色々とあります。それらを店で作ってみることで、シンプルな料理でも他店には出せない味に仕上がり、味の付加価値にできます。作り置きすると便利なソフリットと合わせてご紹介しましょう。(今井)

パンチェッタ

豚バラ肉の塩漬けのパンチェッタは、カルボナーラに代表されるように、パスタでよく使われる食材です。イタリア産や国産品が一般的ですが、私は機会を見て、良質の豚が手に入ったときに作っています。写真では、沖縄のアグー豚のバラ肉を使いました。

パンチェッタには、豚バラ肉の、皮つきのものを使う。皮つきの方が味よく作れる。

身の方に、串などで全面に穴を開けて、肉の半量の粗塩をすり込む。

塩の上から、つぶした黒胡椒、ローリエなどをすり込む。

網をしいたバンジュウにのせ、ボトルで重しをして1〜3週間置く。

余分な水を抜いたら、冷蔵庫に吊るして1ヵ月間干すと完成。

手打ちパスタの技術

手打ちパスタは店の個性を出しやすく、低単価の店でも注目されるようになってきています。"手作り"の特別感があるうえに、乾麺にはない多彩な色と形、独特の味わいと食感があり、日本人の嗜好にぴったりで、店の付加価値を高めるのにも役立ちます。

卵入りパスタ生地

卵が入るものも入らないものも、基本作業は同じですが、
卵麺の方が作業しやすいかも知れません。材料を合わせてこね、
休ませてからのばして切ります。(谷本)

1 作業台に粉類を山になるようにあけ、中央に窪みを作り、卵や水分、油分を流す。

2 フォークで混ぜながら、粉の内側の壁を少しずつ崩して水分と粉を合わせていく。

3 ある程度粉と水分が混ざったら、粉を指で崩し、粉に水分を吸わせるように混ぜ合わせる。

4 生地がひとまとまりになったら、手につかなくなるまで、台の上でよくこねる。

5 粉けがなくなったら半日～1日休ませる。生地が乾燥しないよう、ビニール袋に入れて休ませる。右が休ませる前、左が後。しっとりしてくる。

6 休ませた生地は、打ち粉をして、麺棒である程度の大きさにのばす。パスタマシンを使う場合は、ここからマシンにかける。

カラーパスタを作るには

ほうれん草やビーツは、ピュレ状だと水分調整が難しい。乾燥させて粉末状にすると、水分調整が不要で扱いやすい

手打ちパスタの技術

タリアテッレの打ち方

基本の手打ちパスタの一つです。今日では、パスタマシンで作る方が一般的ですが、
マシンが無くても打てる、庖丁で切る技法を紹介します。
なお、ここで紹介したタリアテッレに加え、フェットチーネ、パッパルデッレ、ガルガネッリは、
右記「タリオリーニ（プレーン）」の生地で作ります。（谷本）

ある程度の厚さにした生地は、さらに麺棒で薄く均一の厚みになるよう四角くのばす。

目指す生地の厚さは1mm前後。のばし終えたら、左右から屏風畳みにする。

さらに、両側から屏風畳みに折り畳んでいく。

畳み終えたら、タリアテッレの幅に、端から庖丁で切っていく。

切り終えたら、生地の端から庖丁を差し込んで上に持ち上げる。

生地の屏風畳みがとけて、そのまま細長い麺の状態になる。

そのままハンガーなどにパスタをかけ、風通しのよいところか冷蔵庫で軽く乾燥させる。

パスタを持って上げると、そのままの形で持ち上がる程度が乾燥の目安。まとめて保存する。

主な卵入りパスタの配合（谷本）

■タリオリーニ（プレーン）
小麦粉（ティッポ00）…500g
卵…3個、卵黄…3個分
塩…一つまみ
E.X.V.オリーブオイル…適量

■カカオのタリオリーニ
小麦粉（ティッポ00）…500g
ココアパウダー…25g
卵…4個
E.X.V.オリーブオイル…適量

■イカスミのタリオリーニ
小麦粉（ティッポ00）…500g
イカ墨…28g、卵…1個
卵黄…3個分
塩…一つまみ
E.X.V.オリーブオイル…適量

■ほうれん草のタリオリーニ
小麦粉（ティッポ00）…500g
ほうれん草ペースト…100g
卵…2個
卵黄…2個分
塩…一つまみ
E.X.V.オリーブオイル…適量

■ビーツ
小麦粉（ティッポ00）…500g
ビーツのペースト…230g
卵…1個
塩…一つまみ
E.X.V.オリーブオイル…適量

■赤唐辛子のタリオリーニ
小麦粉（ティッポ00）…500g
卵…3個
卵黄…3個分
パプリカ粉…4g
塩…一つまみ
E.X.V.オリーブオイル…適量
塩…一つまみ
赤唐辛子みじん切り…8g

■キタッラ
小麦粉（ティッポ00）…250g
セモリナ粉…150g
卵…4個

■タヤリン
小麦粉（ティッポ00）…320g
セモリナ粉…80g
卵黄…300g
塩…一つまみ

■パッサテッリ
小麦粉（ティッポ00）…100g
パルミジャーノ（すりおろし）…50g
卵…1個
ほうれん草のペースト…30g
牛乳（調節用）…適量

主な卵なしパスタの配合（今井）

■マルタリアーティ
小麦粉（ティッポ00）…160g
水…80cc

■ビーゴリ
小麦粉（ティッポ00）…200g
水…60cc

■トロッコリ・カヴァテッリ
セモリナ粉…160g
水…80cc

■フレーグラ
セモリナ粉・水…各適量

■ピチ
薄力粉…200g
ラード…6g
塩…一つまみ
水…100〜120cc

■マロレディウス
小麦粉（ティッポ00）…160g
サフランパウダー…0.3g
水…80cc

■ピッツォッケリ
そば粉…150g
強力粉…80g
卵…100g
塩…一つまみ
E.X.V.オリーブオイル…適量

卵入りパスタの料理

食感も彩りも多彩な、卵入りパスタのバリエーションを紹介します。卵入りパスタの多くは、イタリア中部から北の地域で作られています。ここではロングパスタを多く紹介しましたが、ショートパスタでも個性的なものが数多く見られます。（谷本）

タリオリーニ 赤貝とシブレットのアサリ風味

シブレットの鮮やかな若草色が映えるパスタです。バジルとは異なり、シブレットの緑色は日持ちがする上、魚介類にもよく合い、重宝するソースです。
赤貝はイタリアでも使われる食材で、日本のものより小さく色が出にくいのが特徴です。

材料

1人分
タリオリーニ（レシピは75ページ参照）…80g
アサリ汁…90cc
シブレットのペースト（下記参照）…13g
バター…15g
赤貝の身…50g
シブレット…適量

作り方

1. 沸騰した湯に1％の塩を入れ、タリオリーニを茹でる。
2. フライパンにアサリ汁、シブレットのペースト、適当な大きさに切った赤貝の身を入れ、軽く煮たてる。
3. 1は少し硬めに茹でて湯きりし、2に入れ、よく和えてソースをしっかりと染み込ませて火を止める。バターを加えて余熱で溶かしながらかき混ぜ、とろみを付けて器に盛る。シブレットと赤貝の殻を飾る。

【シブレットのペーストの作り方】
シブレット4束（約65g）、にんにく1/3片（約3g）、E.X.V.オリーブオイル100cc、塩少々を、全てミルミキサーに入れ、滑らかなペースト状にする。

イカスミのタリオリーニ ヤリイカとポモドリーニ

イカスミのパスタはヴェネチアの名物。ただ、イカスミのソースが洋服に跳ねて取れなくなったとの苦情も多いといいます。このため、イカスミをパスタに練り込む料理が広まっています。ここではイカスミを練り込んだパスタを使い、相性の良いトマトをソースとして組み合わせました。

材料

1人分
- イカスミのタリオリーニ（レシピは75ページ参照）…80g
- ヤリイカ…60g
- ポモドリーニ…50g
- アンチョビ（ペースト）…少々
- にんにく（みじん切り）…1/2片分
- イカのブロード（60ページ参照）…70cc
- 塩…適量
- 赤唐辛子…適量
- E.X.V.オリーブオイル…適量
- ブーロ・モンタート（151ページ参照）…適量
- カラスミ…適量
- ディル…適量

作り方

1. 沸騰した湯に1%の塩を入れ、イカスミのタリオリーニを茹でる。
2. オリーブオイルで、にんにく、適当な大きさに切ったイカを炒め、赤唐辛子、ポモドリーニ、イカのブロード、アンチョビを入れ、少し煮込んで馴染ませる。
3. 1は少し硬めに茹でて湯きりし、2に加え、ソースをパスタに染み込ませながら和える。途中、ブーロ・モンタート適量を加え、軽い濃度を付けて仕上げる。
4. 皿に盛り、カラスミをすりおろしてかけ、ディルを飾る。

卵入りパスタの料理

ほうれん草のタリオリーニ
小海老とゴルゴンゾーラ

エミリア・ロマーニア州の高級保養地・リミニにある五つ星ホテルで働いていたときに出したパスタです。
魚介にチーズという組み合わせは少ないとはいえ、エビとゴルゴンゾーラチーズは相性がいいですので、
それに色鮮やかなほうれん草のパスタを合わせました。

材料

1人分
ほうれん草のタリオリーニ
　（レシピは75ページ
　参照）…80g
パンチェッタ…15g
小エビ…45g
白ワイン…30cc
赤唐辛子…少々
ゴルゴンゾーラ
　（小角切り）…50g
生クリーム…50cc
リンゴ（スライス）…25g
オリーブオイル…少々

作り方

1 沸騰した湯に1％の塩を入れ、ほうれん草のタリオリーニを茹でる。
2 フライパンにオリーブオイルを熱し、パンチェッタと小エビを炒め、白ワインを注ぎアルコール分を飛ばす。
3 2にゴルゴンゾーラ、赤唐辛子、生クリームを加え、滑らかなソースを作る。
4 茹で上げたタリオリーニは湯きりして3に入れ、ソースをよくからめて皿に盛り、薄くスライスしたリンゴをちらす。

PRIMO PIATTO ▶ プリモピアット ● 卵入りパスタの料理

タヤリン（タリオリーニ）の野菜和え 白トリュフ風味

ピエモンテ州で有名なパスタ、アニョロッティ（ラビオリ）に並ぶタリヤンはこの地方の方言で、実はタリオリーニのこと。ただし通常の卵入りパスタは小麦粉100gに対して、通常1個の割合で練り込むところを、タリヤンは卵黄のみで3個以上加えます。卵の味があるので、ソースは軽く仕上げ、アンディーブをサラダ感覚で添えます。

材料

1人分
タヤリン
　（レシピは75ページ参照）
　…80g
ズッキーニ（拍子木切りにして
　半茹でにしたもの）…20g
人参（拍子木切りにして
　茹でたもの）…20g
E.X.V.オリーブオイル
　…適量
バター…50g
白トリュフオイル…少々
塩…適量
アンディーブ…適量
イタリアンパセリ…適量

作り方

1. 沸騰した湯に1％の塩を入れ、タヤリンを茹でる。
2. 熱したフライパンにオリーブオイルを入れ、野菜類を軽く炒める。
3. 茹で上がったタヤリンは湯きりして**2**に入れ、バターを加えて和え、味をととのえて白トリュフオイルをかけ、皿に盛る。アンディーブは葉をはがしたままのものを飾り、葉をせん切りにしたものをちらす。イタリアンパセリを飾る。

▶81

卵入りパスタの料理

タリアテッレ生ハムとバジリコ風味のバター和え

バジリコのソースはパスタによく使われますが、色が変化しやすいのが欠点です。
そこでオリーブオイルに代えてバターを使い、色の変化を極力抑えました。フレッシュ感と彩りから、
生のトマトをつぶしたものを上にかけます。

材料

1人分
タリアテッレ
　（レシピは75ページ参照）
　…80g
生ハム…10g
バター（常温でおいて
　柔らかくしたもの）…35g
バジリコの葉…8g
パルミジャーノ
　（すりおろし）…15g
完熟トマト（粗めの裏漉し）
　…60g
生ハム（スライス）…1/2枚
塩…適量
サルビアの葉…適量
E.X.V.オリーブオイル
　…適量
生ハム（飾り用）…適量

作り方

1. 柔らかくしたバターと、バジリコの葉、パルミジャーノは、ミルミキサーにかけておく。
2. 完熟トマトは、軽く塩、オリーブオイルで味をつけておく。
3. 沸騰した湯に1％の塩を入れ、タリアテッレを茹でる。
4. フライパンに生ハムとオイルを入れて炒め、オイルに香りを移す。
5. 茹で上げたタリアテッレは湯きりして**4**に加え、よく混ぜてから火を止め、**1**を加えて素早く混ぜ合わせ、皿に盛る。
6. **2**のトマトをほんの少し温めてパスタにかけ、サルビアの葉と生ハムを飾る。

PRIMO PIATTO ▶ プリモピアット

● 卵入りパスタの料理

ほうれん草のタリアテッレ オマールエビのオリエンタル風

オマールエビを丸ごと1尾使って大皿に盛り込んだ、豪快なパスタです。一皿で2人分あり、客席で取り分けて供します。エキス分たっぷりのアメリケーヌソースがほうれん草のパスタにからみ、オマールエビの赤い色も映えて、食欲を誘います。

材料

2人分
ほうれん草のタリアテッレ
　（レシピは75ページ
　参照）…160g
オマールエビ…1尾
E.X.V.オリーブオイル
　…適量
エシャロット（みじん切り）
　…10g
ブランデー…50cc
アメリケーヌソース
　（右記参照）…50cc
カレーパウダー…少々
チリソース…30cc
生クリーム…30cc
塩…適量

作り方

1. 沸騰した湯に1％の塩を入れ、タリアテッレを茹でる。
2. エビは胴を抜き取り、頭の殻を引きはがして砂袋を取り除く。尾は殻つきのまま縦半分に割り、適当な大きさに切る。
3. E.X.V.オリーブオイルで、2を炒める。途中でエシャロットを加え、ブランデーをふり入れてアルコール分を飛ばす。
4. 3にアメリケーヌソース、チリソース、カレーパウダーを加え、生クリームを加え、煮詰めて塩で味をととのえる。
5. 4は、エビを一旦取り出し、食べやすいように殻を外す。
6. エビの身をソースに戻し、茹で上げたタリアテッレを湯きりして加え、ソースがからむようよく和え、器に盛る。エビの殻を飾る。

【アメリケーヌソースの作り方】
伊勢エビや小エビ、カニの殻などをオーブンでカリカリに焼き、鍋で温めてブランデーを加え、アルコール分を飛ばす。トマトペーストを入れて少し炒めたら、お湯を加えてじっくりとエキスを出しながら煮込み、漉して冷ます。

卵入りパスタの料理

白魚とピゼリーニのピリ辛タリアテッレ

白魚は、北でも南でも食べられている淡白な春の魚です。
これとグリンピースのピゼリーニを合わせて具材とし、パスタにしました。さっぱり味でインパクトが少ないので、パスタに唐辛子を練り込み、味に個性を持たせてあります。

材料

1人分
ピリ辛タリアテッレ（レシピは75ページ参照）…80g
にんにく（スライス）…1片分
白魚…70g
ピゼリーニ（または生のグリンピース）…25g
セミドライトマト…10g
ブーロ・モンタート（151ページ参照）…少々
オリーブオイル…適量
塩…適量
E.X.V.オリーブオイル…少々
松の実（軽く煎ったもの）…少々

作り方

1 ピゼリーニまたは生のグリンピースは、塩を入れた魚のブロード（分量外）で軽く煮て準備しておく。
2 沸騰した湯に1％の塩を入れ、タリアテッレを茹でる。
3 オリーブオイルににんにくを入れ、弱火で炒めてオイルに香りを移す。
4 白魚、1、パスタの茹で汁適量を加え、ブーロ・モンタートで軽くとろみをつけ、適当な大きさに切ったセミドライトマトを加える。
5 茹でたタリアテッレは湯きりし、4に入れてよく和え、E.X.V.オリーブオイルを加えて味をととのえる。
6 皿に盛り、松の実をちらす。

カカオのタリアテッレ
猪のラグーとポルチーニ和え

ロマーニャ地方のリストランテで見た一品で、パスタにカカオ（ココア）を練り込んであります。色合いからも想像できる通り冬の料理です。カカオのパスタは複雑な味のソースと相性がよく、煮込んだポルチーニのソースを合わせることもあります。

材料

1人分
- タリアテッレカカオ（レシピは75ページ参照）…80g
- 猪の煮込みソース（右記参照）…200g
- フンギトリフラーテ（右記参照）…35g
- バター…10g
- 塩…適量
- イタリアンパセリ…少々
- パルミジャーノ（すりおろし）…10g

作り方

1. 沸騰した湯に1％の塩を入れ、タリアテッレカカオを茹でる。
2. フライパンに猪の煮込みソースを入れ、パスタの茹で汁少々を加えて温める。
3. フンギトリフラーテを加え、茹で上がったタリアテッレを湯きりして加え、和えてソースとパスタをよく馴染ませたら、バターを加えて仕上げる。
4. 皿に盛り、イタリアンパセリをちらし、パルミジャーノをかける。

【猪の煮込みソースの作り方】
人参1本、玉ねぎ1個、セロリ1本をみじん切りにし、ローリエ1枚を加えてソフリットを作っておく。猪の肉500gは親指大に切り、ソテーして赤ワイン100ccを加えてフランベし、ソフリットに入れる。肉のブロード1ℓ、トマトの水煮適量、ローリエ1枚を加え、蓋をして柔らかく煮込む。塩・胡椒・ナツメグで味をととのえる。

【フンギトリフラーテの作り方】
多めのオリーブオイルと潰したにんにく2片を入れて弱火にかけ、オイルににんにくの香りを移す。ダイス状に切ったポルチーニのフレッシュ（または冷凍）を入れて中火で炒め、塩・胡椒と多めのイタリアンパセリのみじん切りを加え、味をととのえる。水分が少なければ、白ワインをふってアルコール分を飛ばす。
※これを用意しておけば、ポルチーニのパスタやリゾットなどに便利。

卵入りパスタの料理

3色のタリアテッレ ミル貝の軽いクリーム和え

色の違うタリアテッレ3種を組み合わせた、イタリアンカラーの華やかなパスタです。ミル貝のだしに魚のブロードを加え、豊かなうま味のソースをタリアテッレにからめます。仕上げに生クリームを加えるのが最近の技法。魚介のだしと生クリームが合わさると、なぜが軽い感じに仕上がります。

材料

1人分
3色のタリアテッレ（プレーン、ほうれん草、
　ビーツを使用）…40g
ミル貝…1個
エシャロット（みじん切り）…10g
白ワイン…50cc
魚のブロード…50cc
生クリーム…40cc
E.X.V.オリーブオイル…適量
塩…適量
パセリ（みじん切り）…適量

作り方

1　ミル貝は熱湯に潜らせ、殻と内臓を外して皮をむいておく。
2　沸騰した湯に1％の塩を入れ、タリアテッレを茹でる。
3　E.X.V.オリーブオイルを熱してエシャロットを入れ、1のミル貝を適当な大きさに切って加え、炒める。ワインをふり入れてアルコール分を飛ばす。
4　ブロード、生クリームを加えて少し詰め、味をととのえて、茹で上げたタリアテッレを湯きりして入れる。
5　よく和えてソースをからめ、皿に盛る。パセリをちらす。

フェットチーネカルボニーナ

カルボナーラに似た料理名ですが、88年にイタリアで修業した先のシェフが、奥さんのために考案したオリジナルパスタです。なおローマのフェットチーネは、同じ幅であるエミリア・ロマーニャ州のタリアテッレよりも、やや厚く感じられます。

材料

1人分
- フェットチーネ（レシピは75ページ参照）…80g
- グアンチャーレ（またはパンチェッタ。拍子木切り）…20g
- 玉ねぎ（スライス）…35g
- カルチョフィの水煮（スライス）…20g
- 白ワイン…50cc
- 生クリーム…60cc
- 卵黄…1個
- サフラン…適量
- バジリコの葉（みじん切り）…5〜6枚分
- 赤唐辛子…少々
- パルミジャーノ（すりおろし）…10g
- オリーブオイル…適量
- イタリアンパセリ（みじん切り）…適量
- バジルの葉…適量

作り方

1. 沸騰した湯に1％の塩を入れ、フェットチーネを茹でる。
2. フライパンにオリーブオイル、グアンチャーレを入れ、弱火でカリッとするまで炒めて取り出す。
3. フライパンに残った油が多ければ少し捨て、玉ねぎを加えてしんなりするまで炒めたら、2のグアンチャーレを戻し、カルチョフィを入れ、白ワインを注いでアルコール分を飛ばす。
4. 生クリームを注ぎ、サフランパウダーを色を見ながら少量ずつ加える。バジリコ、ごく少量の赤唐辛子を加える。
5. 茹で上げて湯きりしたタリアレッテを4に入れ、ソースにからめてから、少量のパスタの茹で汁で溶いた卵黄を一気に加えて混ぜ合わせ、とろっとしたソースに仕上げて皿に盛る。イタリアンパセリをちらし、パルミジャーノをかける。バジリコの葉を飾る。

卵入りパスタの料理

ミラノ風パッパルデッレ

仔牛肉を使った伝統的なミラノ風の料理は、本来は寒い地方特有の煮込み料理。それをここでは、フライパンの中で煮込むスタイルにしました。風味づけとして、パンチェッタやアンチョビなども加えてあります。
パッパルデッレは手打ちパスタとしては定番で、ミラノのパッパルデッレはなぜか短いのが特徴です。

材料

1人分
パッパルデッレ
　（レシピは75ページ参照）
　…80g
パンチェッタ…15g
仔牛肉…50g
ソフリット…40g
白ワイン…30cc
アンチョビ
　（細かく刻んだもの）…1/2本
トマトソース…40cc
肉のブロード…50cc
生クリーム少々
オリーブオイル…適量
バター…10g
塩・胡椒…各適量
パルミジャーノ（すりおろし）…10g
イタリアンパセリ…適量
サルビアの葉…適量

作り方

1 沸騰した湯に1％の塩を入れ、パッパルデッレを茹でる。
2 オリーブオイルでパンチェッタ、仔牛肉を炒め、白ワインでフランベし、ソフリットを加える。
3 アンチョビ、トマトソース、ブロードを入れ、加熱してソースを馴染ませてから、塩・胡椒で味をととのえる。
4 生クリーム少々を注ぎ、茹で上げて湯きりしたパッパルデッレとバターを加えて和える。
5 皿に盛り、パルミジャーノと刻んだパセリをかけ、サルビアの葉を飾る。

PRIMO PIATTO ▶ プリモピアット ● 卵入りパスタの料理

ビーツのパッパルデッレ 手長エビとアスパラガスのソース

ボローニャの修業先で教わって、その美味しさとあまりの簡単さに感動したパスタです。エビは身の半量をみじん切りにして炒め、風味を出します。そこに肉のブイヨンを加えることで、エビ単体では出なかったうま味とコクを、ソースに加えます。

材料

1人分
ビーツのパッパルデッレ
　（レシピは75ページ
　参照）…80g
手長エビ（むき身）…70g
E.X.V.オリーブオイル
　…8cc
バター…8g
エシャロット
　（みじん切り）…8g
ブランデー…50cc
肉のブロード…30cc
アスパラガス
　（Lサイズを軽く
　茹でたもの）…1本
塩…適量
バジルの葉…適量

作り方

1. 手長エビの身は、背ワタを取り除き、半量は粗みじん切りに、残りの身は1cmくらいに切っておく。
2. 沸騰した湯に1％の塩を入れ、パッパルデッレを茹でる。
3. オリーブオイルとバターで、**1**とエシャロットを軽く炒め、ブランデーをふり入れてアルコール分を飛ばす。ブロードを注ぎ、アスパラガスを加える。
4. 茹で上げたパッパルデッレは取り出して湯きりし、**3**に入れ、ソースをしっかりと染み込ませたら、E.X.V.オリーブオイル（分量外）をたっぷりとふり入れながら、素早く乳化させる。
5. 皿に盛りつけ、バジルの葉を飾る。あれば手長エビの頭の部分を飾りとして添える。

卵入りパスタの料理

マリア アントニッタ風 キタッラ

料理名は、フランスのルイ16世に嫁いだマリー・アントワネットのこと。
贅沢三昧をしていたことで知られ、パスタもイタリアからコックを呼び寄せて作らせたといいます。
ポルチーニなどの高級食材を使ったパスタに、彼女の名が冠せられます。

材料

1人分
- キタッラ（レシピは75ページ参照）…80g
- ポルチーニ（ダイスカット）…20g
- ウナギの燻製（ダイスカット）…20g
- エシャロット（みじん切り）…10g
- E.X.V.オリーブオイル…適量
- ブランデー…20cc
- 生クリーム…40cc
- 粗挽き黒胡椒…適量
- バター…適量
- ボッタルガ…適量
- パセリ（みじん切り）…適量
- ローズマリー…適量

作り方

1. 沸騰した湯に1％の塩を入れ、キタッラを茹でる。
2. E.X.V.オリーブオイルでエシャロットを軽く炒め、ウナギの燻製、ポルチーニを加えてさらに炒める。
3. ブランデーをふりかけ、アルコール分を飛ばす。
4. 生クリームを加え、ひと煮立ちさせたら黒胡椒を加えて味をととのえる。
5. 茹で上げたキタッラは湯きりして、4に加え、バターを入れてよく和える。
6. 器に盛り、ボッタルガ、パセリをちらす。ローズマリーを飾る。

バジリコのペースト和えキタッラ マッシュポテトのせ

キタッラは、アブルッツォを代表する名物パスタです。伝統的なジェノヴェーゼペーストには、じゃが芋が必ず入りますので、それをヒントにしてバジリコペーストでパスタを和え、じゃが芋は滑らかなピュレにしてパスタの上にかけてみました。

材料

1人分
- キタッラ（レシピは75ページ参照）…80g
- バジリコソース（122ページ参照）…50g
- パルミジャーノ（すりおろし）…適量
- E.X.V.オリーブオイル…適量
- じゃが芋（裏漉し）…適量
- 牛乳…適量
- 塩…適量
- ナツメグ…少々
- バジリコの葉…適量

作り方

1. 沸騰した湯に1％の塩を入れ、キタッラを茹でる。
2. ボールに、バジリコソース、パルミジャーノ、E.X.V.オリーブオイル少々を入れ、茹で上げて湯きりしたキタッラを入れて和え、皿に盛る。水分が少ないようであれば、パスタの茹で汁少々で調節する。
3. 茹でたじゃが芋の裏漉しに牛乳を入れて滑らかなピュレを作り、塩・ナツメグ・パルミジャーノで味をととのえ、パスタの上にかける。

卵入りパスタの料理

ガルガネッリ
セミドライトマトとフェンネル タジャスカ入り

ボローニャで入ったリストランテで教わったパスタです。
タジャスカ種のオリーブが美味しいので、その風味が水っぽくならないよう、トマトはジュース分を落としただけの
ごく浅いセミドライトマト（ポモドリーニ・セッキ）を作り、合わせます。

材料

1人分
ガルガネッリ（左ページ参照）…80g
生ハム…20g
オリーブ（タジャスカ種。粗みじん切り）…10g
フェンネル（茹でたもの。冷凍可）…20g
軽いポモドリーニ・セッキ（下記参照）…25g
ブーロ・モンタート（151ページ参照）…適量
オリーブオイル…適量
E.X.V.オリーブオイル…少々

作り方

1 沸騰した湯に1％の塩を入れ、ガルガネッリを茹でる。
2 フライパンにオリーブオイル、生ハムを入れて炒め、オイルにハムの香りを移す。
3 柔らかく茹でたフェンネル、パスタの茹で汁少々、ポモドリーニ・セッキを入れ、ブーロ・モンタート少々で軽くとろみを付ける。
4 茹で上げたガルガネッリは湯きりして3に加え、ソースとよく和え、オリーブを混ぜ合わせ、皿に盛る。
5 E.X.V.オリーブオイルを少々を回しかけ、分量外のオリーブをちらす。

【ポモドリーニ・セッキの作り方】
1. チェリートマトは頭の部分少々を切り、指先で摘まんで種を取る。
2. 塩・砂糖少々をかけ、網のせたオーブンバットに並べて、100℃くらいのオーブンで軽く水分を取る。

PRIMO PIATTO ▶ プリモピアット ●卵入りパスタの料理

ガルガネッリ ソーセージとトレビスの煮込みソース和え

ガルガネッリは、ロマーニャ地方の名物パスタ。それにヴェネト地方の食材であるトレビスを使った煮込みソースを合わせました。独特の苦みのあるトレビスと、香りのサルビアが、ソーセージミートを使ったソースに個性を添えます。

材料

1人分
ガルガネッリ（レシピは75ページ参照）…80g
ソーセージミート…50g
鶏のブロード…70cc
トレビス（粗切り）…20g
ソフリット…20g
サルビアの葉…1枚
ブーロ・モンタート（151ページ参照）…適量
ラディッキオ…適量
パルミジャーノ（すりおろし）…10g
イタリアンパセリ（粗みじん切り）…適量

作り方

1 75ページの生地でガルガネッリを作る。生地を0.5mm厚さにのばして一辺4〜5cmの正方形にカットし、細い棒に巻きつけて専用のペッティネの上で転がし、筋をつけガルガネッリとする。
2 沸騰した湯に1％の塩を入れ、**1**を茹でる。
3 フライパンに生のソーセージミートとブロードを入れて火にかけ、肉をよくほぐして、トレビスとソフリット、サルビアの葉を入れ、軽く煮込む。水分が少ないようであればお湯適量を加える。
4 ブーロ・モンタート適量を加えて混ぜ、軽く濃度を付けたら、茹で上げて湯きりした**2**を加え、よく和える。
5 ラディッキオをしいた皿に盛り、イタリアンパセリをちらし、パルミジャーノをふる。

卵なしパスタの料理

卵を使わない手打ちパスタを紹介します。ここでは様々な器具を用いて、形状に変化をつけたパスタを多く作りました。基本的な生地のこね方に関しては卵入りパスタと同じですので、73ページの手順を参考にしてください。(今井)

ちりめんきゃべつとじゃが芋のピッツォッケリ

ロンバルディア州特産のそば粉を用いたパスタがピッツォッケリです。薄くのばした生地を写真下のようにパイカッターなどで乱雑に切って作ります。じゃが芋や北の食材のちりめんきゃべつと合わせ、セージの香りで食べます。

【ピッツォッケリの作り方】
材料(75ページ)をこねて休ませた生地は、パスタマシンなどで1.5mm厚さにのばし、2cmほどの帯状にカットする。それをパイカッターで形を不揃いにカットする。

材料

4人分
ピッツォッケリ(材料は75ページ参照)…320g
ちりめんきゃべつ…250g
じゃが芋…300g
無塩バター…40g
にんにく(みじん切り)…小さじ1
セージ…2枚
塩…適量
グラナパダーノ(好みで)…適量

作り方

1. ちりめんきゃべつは、一口大に切っておく。じゃが芋は皮をむいて5mm厚さのいちょう切りにしておく。
2. 沸騰した湯に1%の塩を加え、**1**を入れ、茹で上がりが同時になるよう、時間差をつけてピッツォッケリも入れ、一緒に茹でる。
3. 鍋に、バター、にんにく、セージを入れて火にかけ、バターに香りを移したら、茹で上げて湯きりした**2**を加え、ソースをよくからめる。
4. 皿に盛り、好みでグラナパダーノをすりおろしてかける。

ビーゴリ アンチョビと玉ねぎのソース

専用器具の「トルッキオ」を用いて作る押し出し式のパスタで、ヴェネト州で見られます。パスタ自体がかなり太いので、アンチョビの塩けと炒めた玉ねぎの甘みだけのシンプルな味つけにし、伝統的な地方料理のパスタの食べ応えを楽しませます。

【ビーゴリの作り方】
材料（75ページ）をこねて休ませ、生地を筒状にまとめる。トルッキオに入れてハンドルを回し、押し出す。生地はかなり硬く、力が必要。くっつかないよう、パスタにはセモリナ粉をまぶす。

材料

4人分
ビーゴリ（材料は75ページ参照）
　…260g
玉ねぎ…400g
アンチョビ（フィレ）…16枚
白ワイン…200cc
イタリアンパセリ（みじん切り）
　…適量
E.X.V.オリーブオイル…適量
塩…適量

作り方

1. 鍋に玉ねぎとオイルを入れてよく炒める。
2. 玉ねぎがしんなりしたら、アンチョビを加えて炒め、白ワイン、イタリアンパセリを加え、アルコール分を飛ばす。
3. 沸騰した湯に1％の塩を入れ、ビーゴリを茹でる。
4. 茹で上がったら水けをよくきり、**2**に加えてソースをよくからめる。
5. 火を止めてオリーブオイルを加え、よくからめて皿に盛る。イタリアンパセリ（分量外）を飾る。

卵なしパスタの料理

トマトソースとバジリコのピチ

私が初めてイタリアに行ったときに、お世話になった家庭で食べて感動したパスタです。トスカーナ・シエナの伝統的な手打ちパスタで、讃岐うどんのような食感にびっくりしたことを覚えています。ラードが入るのが特徴で、トマトソースで食べます。

材料

4人分
ピチ（材料は75ページ参照）
　…320g
トマトソース…250cc
バジリコ…5〜7枚
塩・胡椒…各適量
E.X.V.オリーブオイル…適量
パルミジャーノ（すりおろし）…適量

作り方

1　鍋にトマトソースを入れ、バジリコを手でちぎって加え、温めておく。
2　沸騰した湯に1％の塩を入れ、ピチを茹でる。
3　2は茹で上がったら湯きりして1の鍋に入れ、ソースをよくからめ、塩・胡椒で味をととのえる。
4　火を止めてオリーブオイルを加え、よくからめて皿に盛る。
5　バジリコの素（分量外）を飾り、パルミジャーノをふる。

【ピチの作り方】
材料（75ページ）をこねてまとめ、休ませた生地は、ちぎって小分けにし、台の上にのせ、両手で転がして直径2mmほどの棒状にのばす。

トロッコリ メカジキとプチトマトのソース

トロッコリは、プーリア州で見られる手打ちパスタ。大きなネジのような器具の「トロッコリ」を使って作ります。南のパスタらしく魚介にはメカジキを使い、ソースがパスタとさらによくからむよう、パン粉をふりかけます。

材料

4人分
- トロッコリ（材料は75ページ参照）…240g
- メカジキ…320g
- プチトマト…200g
- ドライパン粉（細かいもの）…70g
- にんにく（みじん切り）…1片分
- タカノツメ…少々
- 白ワイン…50cc
- イタリアンパセリ（たたいたもの）…少々
- 塩…適量
- E.X.V.オリーブオイル…適量

作り方

1. メカジキは棒状に切っておく。プチトマトは縦半分に切っておく。
2. テフロンパンにパン粉と塩を入れ、きつね色になるまで空煎りしておく。
3. 鍋ににんにく、タカノツメとオイルを入れて火にかけ、色づいてきたら**1**のメカジキとイタリアンパセリを加え、軽く塩をして炒める。
4. **1**のプチトマトを加え、白ワインを注いでアルコール分を飛ばす。
5. 沸騰した湯に1％の塩を入れ、トロッコリを茹でる。
6. 茹で上がったら水けをよくきって**4**に入れてソースをからめ、塩で味をととのえる。
7. 火を止めてオイルを加え、よくからめて皿に盛り、上から**2**をかける。

【トロッコリの作り方】
材料（75ページ）をこねて休ませ、パスタマシンなどで1.5mm厚さにのばした生地は、打ち粉をした平らな台にのせ、トロッコリを押し付けるようにしてカットする。

卵なしパスタの料理

カヴァテッリ
季節の白身魚とグリーンオリーブのソース

プーリア州のパスタとしてはオレキエッティが有名ですが、カヴァテッリも人気です。
このパスタは地元の方言で「押す」という名の通り、その作り方から命名されたものです。
オリーブ生産量がイタリア最大の土地らしく、オリーブと魚介の風味で楽しみます。

【カヴァテッリの作り方】
材料（75ページ）をこね、生地を直径1cmほどの棒状にのばす。1cm厚さに切り、ナイフの背を押し当て、向こう側に押して形作る。

材料

4人分
- カヴァテッリ（材料は75ページ参照）…240g
- 白身魚（小角切り）…200g
- グリーンオリーブ（小角切り）…60g
- ドライトマト（粗みじん切り）…40g
- 白ワイン…150cc
- イタリアンパセリ…適量
- タカノツメ…少々
- にんにく…1片
- E.X.V.オリーブオイル…適量
- 塩・胡椒…各適量

作り方

1. 鍋にタカノツメ、にんにくとオイルを入れて火にかけ、色づいたら取り出して白身魚を加え、炒める。
2. 1にグリーンオリーブ、ドライトマトとイタリアンパセリを加えてさらに炒め、白ワインを注いでアルコール分を飛ばす。
3. 沸騰した湯に1％の塩を入れ、カヴァテッリを茹でる。
4. 茹で上がったら湯きりし、2に加えてソースをよくからめ、塩・胡椒で味をととのえる。
5. 火を止めてオイルを加え、よくからめて皿に盛る。

【マロレディウスの作り方】
材料（75ページ）をこねて休ませ、生地を直径1cmほどの棒状にのばす。1cm厚さに切り、専用のニョッキボード（写真左）の上で、押し付けるように転がす。

マロレディウス 小エビとういきょうのソース

サルディーニャ島のパスタで、地区によっては「ニョケレッティ」とも呼ばれます。
サフランの産地としても有名で、パスタに練り込んだものも多くみられます。
ソースがからむので、あっさりしたオイルソースを合わせました。

材料

4人分
マロレディウス（材料は75ページ参照）…240g
にんにく（みじん切り）…1片分
タカノツメ…少々
フィノッキオ（小角切り）…60g
エビ（細かくたたいたもの）…200g
白ワイン…100cc
セミドライトマト（細かくたたいたもの）…60g
イタリアンパセリ…適量
塩・胡椒…各適量
E.X.V.オリーブオイル…適量

作り方

1 鍋ににんにく、タカノツメとE.X.V.オリーブオイルを入れて火にかけ、にんにくが色づいてきたらフィノッキオを加えて炒め、さらにエビを加えて炒める。
2 さらに白ワインを加えてアルコール分を飛ばし、セミドライトマトとイタリアンパセリを加える。
3 沸騰した湯に1％の塩を入れ、マロレディウスを茹でる。
4 茹で上がったら、湯きりして2に加えてソースをよくからめ、塩・胡椒で味をととのえる。
5 火を止めてE.X.V.オリーブオイルを加え、よくからめて皿に盛る。刻んだイタリアンパセリをちらす。

スープパスタの料理

スープパスタというと、日本で考案されたメニューのようですが、イタリアにおいてもスープ的な捉え方をした「パスタ・イン・ブロード」というスタイルのパスタがあります。個性的なイタリアのメニューを紹介しましょう。

海の幸入りフレーグラのミネストラ

サルディーニャの代表的なパスタ料理です。イタリアでもアフリカに近いという地理的な条件から、クスクスの影響を受けて作られたのかもしれません。ただしクスクスと異なり、一度焼くのがフレーグラの特徴です。(今井)

材料

4人分
フレーグラ(材料は75ページ参照)…120g
フィノッキオ(粗みじん切り)…100g
タカノツメ…少々
にんにく(みじん切り)…1片分
北海アサリ…600g
ボイルタコ(小角切り)…160g
甲イカ(小角切り)…160g
白ワイン…100cc
サフラン…少々
魚のブロード…800cc
E.X.V.オリーブオイル…適量
塩…適量
フィノッキオの葉…適量

作り方

1 鍋にフィノッキオ、タカノツメ、にんにくとオイルを入れて炒め、香りが出たらアサリ、タコ、イカを加え、軽く炒める。
2 白ワインを注いで蒸し焼きにし、アサリの口が開いたら取り出し、サフランとブロードを加えて沸騰させ、フレーグラを入れて煮込む。
3 フレーグラが芯まで温まったら、2のアサリを戻して温め、皿に盛ってオイルをかける。フィノッキオの葉を飾る。

ボールにセモリナ粉を入れ、指を水に浸して粉の上で指先をはじくようにして粉に水滴を落とす。

ボールを揺すって粉に水を吸わせ、網にあけて水を吸った部分を取り出す。

水を吸って丸くなった部分だけを集め、低温のオーブンに入れ、軽く焼き色がつくまで焼く。

スープパスタの料理

ストラッチ・アッラ・メッテ・メッテ

このパスタは、シエナのリストランテにいる時に「まかない」として出されたものです。手打ちパスタを作った時に出る切れ端を溜めておき、冷蔵庫の残り物で作ります。これといった決まった材料ではなく、ブロードに何でも入れて入れて作ることから、メッテ・メッテといいます。ちなみにストラッチとは、布切れまたはボロ切れなどの意で、様々な形をしています。ポーチドエッグのせ、パルミジャーノをかけて食べます。（谷本）

材料

5人分
パスタ（いろいろなパスタの切れ端）
　…250g
鶏のブロード…150cc
ハム（モルタデッラやプロシュートコットなどの切れ端）…80g
ズッキーニ、なすなど余った野菜
　…200g
E.X.V.オリーブオイル…適量
半熟卵…5個
パルミジャーノ（すりおろし）…適量

作り方

1. ブロードを鍋に入れ、ハム・野菜類を柔らかく煮込む。
2. 1にオリーブオイルを少々入れ、パスタをそのまま入れて茹でる。パスタに火が通ったら鍋のまま供する。取り分けて、半熟卵、好みでパルミジャーノをかける。

トスカーナ風ほうれん草入りパッサテッリ

パッサテッリは、小麦粉で作ったり、余ったパンを使ったりするなど、地方によって色々な作り方があります。中でも、小麦粉、チーズとほうれん草を使ったものがトスカーナ風です。食欲がない時や風邪をひいた時など、熱々のスープと一緒に頂きます。(谷本)

材料

1人分
パサテッリ(材料は75ページ参照)…50g
塩…適量
肉のブロード…100cc
E.X.V.オリーブオイル…少々

作り方

1. パサテッリの材料を全て合わせて混ぜ合わせる。ポテトマッシャーで搾り出せるよう、牛乳で固さを調整する。
2. 上質のブロードを沸騰させ、香り高いトスカーナ産のE.X.V.オリーブオイル少々で香りをつける。
3. ポテトマッシャーに1を詰め、ブロードに搾り出す。火が通ったらブロードと共に器に盛る。好みでパルミジャーノを入れて供する。

生地は沸騰したブロードに絞り出し、熱で形状を固めてそのまま器に盛る。

リゾット

日本でも定番のリゾットは紹介されていますが、イタリアには様々リゾットがあり、炊き方にも工夫が見られます。本来の調理には時間がかかるリゾットですので、店でも時間をかけずに出しやすい仕込み方と、あわせて紹介しましょう。

パルミジャーノのリゾット

リゾットの中では最もシンプルな一品です。基本のリゾット調理のポイントは、火加減を一定に保つことと、ブロードを注いだらスパデラはあまり使わず、鍋をふって混ぜることです。米の周りに炒めた壁ができ、中がホクホクになるよう仕上げます。（今井）

材料

4人分
- カルナローリ米…240g
- 玉ねぎ（みじん切り）…120g
- 白ワイン…150g
- 鶏のブロード…約1ℓ
- 発酵バター…100g
- パルミジャーノ（すりおろし）…80g
- E.X.V.オリーブオイル…適量

作り方

1. 鍋に玉ねぎとオリーブオイルを入れ、弱火でよく炒める。
2. 玉ねぎがしんなりしたら米を加え、米が半透明になるまで炒めたら、白ワインを注ぎ、アルコール分を飛ばす。
3. 沸騰させたブロードを、米がひたひたくらいまで入れて炊く。水分が減ってきたら、再びブロードをひたひたまで加えて炊く。
4. 仕上げにバターとパルミジャーノを加えてよく混ぜ、皿に盛り、パルミジャーノのスライス（分量外）をのせる。

米を炒めて油分をまとわせ、半透明になったら、白ワインを注ぎアルコール分を飛ばす。

ブロードは必ず沸騰したもの。ひたひたにして炊き、水分がなくなったらブロードを足す。

米がアルデンテになったら、バターとパルミジャーノを加えて木杓子でよく混ぜ合わせる。

PRIMO PIATTOのテクニック

リゾットは調理に時間がかかる上、目が離せないのが難点です。そこで私がピエモンテのリストランテで教わったのが、半炊きの技法です。この技法なら、オーダごとに具とブロードを加えて仕上げることができ、本格派の味わいをスピーディに提供できます。（谷本）

1　鍋にオリーブオイル30ccを入れ、玉ねぎの粗切り65g、松の実20g、ローリエ1枚を弱火で炒める。

2　玉ねぎがしんなりしてきたら、イタリア米300gとバター30gを入れ、弱火で米が透き通るまでよく炒める。

3　米が炒まったら、塩少々とお湯260ccを注ぎ入れ、底に付かないように軽くかき混ぜる。

4　蓋をして、温めておいたオーブンに入れて約7～8分間、半炊きにしてから、バットにあける。

5　冷蔵保存も冷凍保存も可。完全に凍る前にほぐせば使いやすい。冷ましたものは、ブロードと具を入れて炊き直す。

リゾット

ナポリ風リゾット

ソレントで食べた家庭料理で、日本で言うなら「ぶっかけご飯」でしょうか。
オリーブとトマトが上にのるので、日本のご飯の感覚では違和感がありですが、
食べてみると驚くほど美味しい一品です。ポイントは、米を塩分量3%のブロードで茹でることです。(今井)

たっぷりのブロードを鍋に入れて沸騰させ、3%量の塩を入れて溶かしたら、カルナローリ米を入れる。

米がやや芯が残る程度に茹で上がったら、ザルにあけて水けをよくきり、皿に盛る。

材料

4人分
カルナローリ米…240g
鶏のブロード…約3ℓ
プチトマト(半割り)…480g
黒オリーブ…40g
グリンピース(茹でて
　色留めしたもの)…160g
にんにく(みじん切り)
　…1片分
E.X.V.オリーブオイル
　…適量
バジリコ…7〜8枚
スカモルツァ・アフミカータ
　(小角切り)…160g
プロボローネ
　(すりおろしたもの)…80g
塩・胡椒…各適量

作り方

1　ブロードを鍋で沸騰させ、3%量の塩を入れ、米を茹でる。
2　にんにくとオリーブオイルを熱し、にんにくが色づいたらトマト、オリーブとグリンピースを加える。
3　バジリコを手でちぎって入れ、スカモルツァを加えてよく混ぜ、塩・胡椒で味をととのえる。
4　1の米が茹で上がったら、ザルにあけて水けをよくきり、皿に盛る。3を上にかけ、プロボローネをちらす。

PRIMO PIATTOのテクニック

鍋にリゾーニと少々の塩、ブロードを入れてリゾーニを煮る。

水分が減ってきたら、ブロードを継ぎ足しながらさらに煮る。

生クリームとバジリコペーストを加え、アルデンテに仕上げる。

カプレーゼ風リゾーニ

米を使ったリゾットではありませんが、ショートパスタの中にも米の形をしたものがありますので、ここで紹介しておきましょう。何も言わずに出すと、見た目には誰もがリゾットと思ってしまいます。食感がつるっと滑らかで、不思議な印象の一品です。（谷本）

材料

1人分
リゾーニ…100g
野菜の軽いブロード
　…250cc
生クリーム…35cc
バジリコソース（122ページ
　参照）…30g
パルミジャーノ（すりおろし）
　…10g
バター…8g
塩…適量
モッツァレラ
　（極薄のスライス）…4枚
完熟トマト（粗い裏漉し）
　…30g
E.X.V.オリーブオイル
　…適量
バジリコ葉…1枚

作り方

1　鍋にブロードを注ぎ、少し塩を入れて沸騰させ、リゾーニを茹でる。
2　リゾーニがアルデンテの少し手前になったら、生クリーム、バジリコソースを加えてよく混ぜ、アルデンテの状態に仕上げて火から外す。
3　パルミジャーノ、バターを加えてよく混ぜ、塩で味をととのえて皿に盛る。
4　モッツァレラをのせ、トマトにオリーブオイルを加えて少し温めたものを上にかけ、バジリコの葉を飾る。

ニョッキ

ニョッキも、プリモピアットのジャンルには欠かせない料理で、大好きなファンが大勢います。ここではシンプルなじゃが芋のニョッキと、リコッタを使った贅沢ニョッキの2品を紹介しましょう。(今井)

じゃが芋のニョッキ マスカルポーネのソース

ニョッキの中でも定番の一品です。カトリックを信仰する人が多いイタリアでは、金曜の断食日前の木曜に、腹持ちのよいじゃが芋のニョッキが食べられてきました。
このニョッキは、生地を練ると食感がベタついてしまうので、練らないように合わせて作るのがポイントです。

材料

4人分
ニョッキ(じゃが芋[男爵]500g、強力粉150g、卵1/2個、マスカルポーネ50g、すりおろしたパルミジャーノ適量、ナツメグ少々)…240g
マスカルポーネ(ソース用)…100g
生クリーム…200cc
トマトソース…60cc
発酵バター…5g
塩・胡椒…各適量

材料を合わせてまとめたニョッキは、1cm大に小分けして、フォークを使って成形する。

ニョッキは、塩を加えたお湯に入れて火を通す。浮き上がってきたら取り出し、ソースとからめる。

作り方

1. じゃが芋は常温のものを皮つきのまま3%の塩水で茹で、皮をむいて裏漉しする。
2. **1**にニョッキの残りの材料を加え、練らないようにして混ぜ合わせる。
3. 一つにまとまったら、直径1cmほどの棒状にのばし、1cm長さに切る。
4. 切ったものはフォークの背の部分にのせ、親指で窪みをつけながら転がし成形し、ニョッキとする。
5. 鍋にマスカルポーネ、生クリーム、トマトソースを入れて温める。
6. 沸騰した湯に1%の塩を入れ、**4**を240gを茹でる。
7. 茹で上がったら湯きりし、**5**に加えてソースをからめる。塩・胡椒で味をととのえる。仕上げにバターを加えてよく混ぜ合わせる。
8. 皿に盛り、すりおろしたパルミジャーノ(分量外)をふりかける。

リコッタのニョッキ そら豆とパンチェッタのソース

エミリア・ロマーニャのリストランテで食べた料理です。
「こぶ」状の形がニョッキで、じゃが芋だけでなくチーズなどでも作ります。この料理では小麦粉が入りますので、しっかりとこねます。イタリア産の味の濃いそら豆と、相性のいいパンチェッタを合わせました。

材料

4人分
リコッタ…250g
パルミジャーノ（すりおろし）…75g
卵黄…1個分
薄力粉…50g
ナツメグ…少々
サルビアの葉（みじん切り）…5〜7枚分
パンチェッタ…100g
そら豆（茹でて色留めしたもの）…150g
鶏のブロード…200cc
塩・胡椒…各適量
E.X.V.オリーブオイル…90cc
生ハム（スライス）…16枚

作り方

1 ボールでリコッタ、パルミジャーノ、卵黄、薄力粉、ナツメグ、サルビアの葉を混ぜ、一口大に丸める。
2 パンチェッタは棒状に切って弱火で炒め、そら豆とブロードを加えて煮る。
3 沸騰した湯に1％の塩を入れ、**1**を茹でる。
4 茹で上がったら湯きりし、**2**に入れ、塩・胡椒で味をととのえ、オリーブオイルを加える。
5 皿に生ハムをしき、**3**を盛り付け、スライスしたパルミジャーノ（分量外）をのせる。

ボールに、リコッタ、パルミジャーノを入れ、手でよく混ぜ合わせる。

卵黄、薄力粉、ナツメグ、セージの葉を入れてよく混ぜ合わせる。

材料がよく混ざったら、ひと口大の生地を取り出して、両手で丸める。

ズッパ・ミネストラ

イタリア料理のスープは、日本では比較的地味な存在。その反面、仕込みに時間もかかる上、他に再利用がきかないロスの多い料理と考えられがちです。しかし実は、様々な活用法がある便利なメニューです。その一部を紹介しましょう。

リボリータ

トスカーナの伝統的な名物料理です。「再び煮る」の意からついた料理名からも分かる通り、煮込み料理の残りを翌日に煮返してスープにしたものです。うま味を引き出すために、イタリアでは野菜をくたくたに煮ることがあり、リボリータはその代表例といえます。見た目はあまり良くないのですが、野菜のうま味が満喫できるスープです。（今井）

材料

4人分
金時豆…150g
生ハムの皮…適量
パンチェッタ
　（拍子木切り）…10g
ラード…20g
にんにく…3片
玉ねぎ（スライス）
　…100g
カーボロネロ（一口大に
　切ったもの）…170g
ビエトラ（一口大に
　切ったもの）…170g
トマトペースト…20g
パネ・トスカーナ…80g
E.X.V.オリーブオイル
　…適量
塩・胡椒…各適量
グラナパダーノ
　（すりおろし）…適量

作り方

1. 金時豆はたっぷりの熱湯を加え、常温で一晩置いて戻す。水を捨ててたっぷりの水を注ぎ、E.X.V.オリーブオイルと生ハムの皮を入れて弱火で煮る。豆が柔らかくなったらポットなどに移し、岩塩（分量外）を少々入れて冷ましておく。
2. パンチェッタとラードは、弱火でカリカリに炒め、油を漉しておく。
3. フライパンに2の油とにんにくを入れて弱火にかけ、にんにくが色づいたら取り出して玉ねぎを加え、炒める。
4. 玉ねぎがしんなりしてきたら、カーボロネロとビエトラを加えて炒める。
5. トマトペーストも加えてさらに炒め、1を加えて煮込む。
6. 5にパネトスカーナを加えて軽く煮込み、塩・胡椒で味をととのえる。
7. 火を止めてE.X.V.オリーブオイルを加え、よくからめて皿に盛る。グラナパダーノをかける。

マルタリアーティの入ったリボリータ

リボリータは、家庭では前日の残ったものを煮返し、パスタを入れて食べられたりもします。ソースとしても使えるリボリータは、パスタがもう一品増やせる重宝なスープなのです。そこでここでは、パルマ地方のパスタ、マルタリアーティを使ってみました。（今井）

材料

前日のリボリータ（左ページ参照）…適量
マルタリアーティ
　（材料は75ページ参照）…適量
塩…適量
E.X.V.オリーブオイル…適量
グラナパダーノ（すりおろし）…適量

作り方

1　材料を合わせて生地を作ったら、1mm前後の厚さにのばす。2cm幅にカットしたら、不揃いの形にカットしてマルタイアーティとする。
2　沸騰した湯に1％の塩を入れ、1を茹でる。
3　リボリータは、鍋で温めておく。
4　2が茹で上がったら湯きりし、3に加えてよくからめる。火を止めてオイルを加え、よくからめて皿に盛る。グラナパダーノをかける。

ズッパ・ミネストラ

じゃが芋とパンのズッパ パンコット

プーリア州のある農家で食べた、具だくさんのスープです。じゃが芋、乾燥そら豆などで作るこのスープには、保存食の硬いパン、パネ・プリエーゼも入っていて、腹持ちもいいのが特徴です。グラナパダーノをすりおろしてかけて食べます。(今井)

材料

8人分
乾燥そら豆…100g
生ハムの皮…60g
ローズマリー…1枚
豚バラ肉(スライス)
　…200g
じゃが芋…280g
鶏のブロード…1000cc
玉ねぎ(スライス)
　…100g
にんにく(みじん切り)
　…1片分
フェンネルシード…少々
パネ・プリエーゼ
　(角切り)…80g
塩・胡椒…各適量
E.X.V.オリーブオイル
　…適量
グラナパダーノ(すりおろしたもの)…適量

作り方

1. そら豆は、前夜からたっぷりの熱湯で戻し、水けをきる。鍋に水と生ハムの皮、ローズマリーを入れて空豆を加え、柔らかくなるまで茹で、生ハムの皮とローズマリーは取り除いておく。
2. 豚肉は5cm幅に切り、一度茹でこぼしておく。じゃが芋は3%の塩を入れた水に皮つきのまま茹で、火が通ったら皮をむき、いちょう切りにしておく。
3. 鍋にブロードを注ぎ、1と2、玉ねぎ、にんにく、フェンネルシードを加えて煮込み、パネ・プリエーゼを入れてさらに煮込み、塩・胡椒で味をととのえる。
4. 器に盛り、E.X.V.オリーブオイルを軽くかける。好みでグラナパダーノをかける。

PRIMO PIATTOのテクニック

2日目:作った翌日は、煮崩れを気にせず温めて、パスタのソースとしてもよい。

3日目:2日目に残ったものは、さらに温めてミキサーで回し、ポタージュとしても提供できる。

ミネストラ

ミネストラは、食材をたくさん使い、調理に時間もかかる料理。そのため、1日限りのメニューにするのはもったいない料理です。2日目はパスタなどのソースとして、3日目はミキサーで回してポタージュとしてなど、イタリアでも、3日かけて楽しまれています。(谷本)

材料

パンチェッタまたはベーコン
　(拍子木切り)…15g
ラード…少々
お湯…1ℓ
玉ねぎ(1cm角切り)…130g
ズッキーニ(1cm角切り)
　…50g
セロリ(1cm角切り)…50g
じゃが芋(1cm角切り)…90g
キドニービーンズ…20g
白インゲン豆…50g
湯むきトマト(粗切り)…150g
ほうれん草(粗切り)…10g
グリンピース…10g
チキンコンソメ(顆粒)…5g
塩・胡椒…各適量
バジリコの葉(みじん切り)
　…2〜3枚
サルビアの葉…1〜2枚
パルミジャーノ(すりおろし)…8g

作り方

1 鍋でラードとパンチェッタをよく炒め、玉ねぎ、ズッキーニ、セロリ、じゃが芋を加えて軽く炒める。この時、生ハムの脂や切れ端を使っても良い。

2 お湯と豆類、トマトを加え沸騰した状態でコトコトと煮込む。

3 豆が柔らかくなってきたら、ほうれん草、グリンピースを入れ、チキンコンソメ、塩・胡椒、バジリコの葉、サルビアの葉を加えて仕上げる。好みによりパルミジャーノをかける。

味の個性を表現する
ための基本知識

パスタはもちろんのこと、前菜にもセコンドにも用いるソースは、
ベースとなる素材の持ち味を活かしながらも、店の個性を表現するために
欠かせない重要な食材です。ここではパスタに用いられることの多い
代表的なソースを例にして、店の味を作る上で重視したい点を解説しました。

▶▶▶▶▶ トマトは品質の見極めを

トマトは、イタリア料理を象徴するソースの基本素材。ほとんどの店が、最も基本のソースと位置づけます。トマトソース作りで重視するのは、トマトの品質です。イタリア産のトマトの水煮缶をソース素材に使う店は多いと思います。日本の感覚では、缶詰は品質が安定しているものと思いがちですが、トマトは農作物ですので、年ごと缶のロットごとで品質が微妙に異なりますメーカーによっては、未熟のトマトが入っていたり、ジュース分が多かったり、またトマト自体の味の濃い薄いもあります。したがって、まずトマト質を見てから仕込みを行うことが、味のブレをなくす上で大切になります。また、トマトは品種がたくさんあって味に個性がありますので、その見極めも重要です。1種類のトマトソースで通すのではなく、料理によってトマトの品種を使い分け考えてください。(今井)

▶▶▶▶▶ 豊かな地方色も

イタリア料理は地方料理の集合体といわれ、各地に様々な個性の料理が見られます。多様な食文化を楽しむのが、イタリア料理の醍醐味です。そこで地方色を料理で出して行くと、店の個性をお客様にアピールできます。料理内容だけでなくソースに関しても同じことがいえます。例えばパスタソースとして古くから「ミートソース」として親しまれてきた肉のラグーは、ボロネーゼがよく知られていますが、それはボローニャ風のラグーであって、イタリア各地にはそれぞれの地に根付いた個性的な肉のラグーがあります。そうした各地のスタイルをソースに採り入れていくことで、店の料理のバリエーションは広がっていきます。素材の組み合わせでは、南も北もごちゃごちゃに混ぜてしまったものより、一皿である地域の味を表現する方が、個性を表現しやすいと思います。(谷本)

▶▶▶▶▶ 時代性

今、健康に関心の高い人が増えています。健康への関心が高いのは、食生活の豊かな先進国特有の事情ではないでしょうか。お客様の関心の変化は、料理に反映しなければなりません。健康に関心が高まっているのはイタリアも同じで、一昔前までは見かけたふっくらした女性を、最近では見かけなくなりました。レストランでも色々と工夫がされています。昔のベシャメッラの作り方は小麦粉とたっぷりのバターで作っていましたが、最近では小麦粉とひまわり油またはオリーブオイルで作る店が増えてきています。ソースではありませんが、ソースのつなぎとして使っていたフランスのブールマニエも、少しでも胃に負担をかけないようにと、現在ではひまわり油かオリーブオイルと小麦粉を練り込んだブーロ・モンタート(★ページ参照)をつなぎに使うシェフも増えています。(谷本)

▶▶▶▶▶ 準備の工夫で大量仕込みも

「E'comodo Prepararli Prima」——。イタリアの厨房でよく耳にする「作っておくと便利」な食材の意味です。ハーブを使ったソースなどは、一年で最も味が良くて価格的にも安く手に入る旬の時期を狙って大量仕込みをしておくと、大変に便利です。例えばバジリコを使ったソースは、旬の夏場に大量にバジリコを仕入れて、まとめてソースにしておきます。バジリコは熱に弱くすぐに変色すると思われますが、真空パックして冷凍しておけば変色はしませんし、香りも旬のときのそのままです。こまめに仕込むより一度に大量に仕込めば、日々の仕事の負担が減らせますし、品質も安定します。年間で最も仕入れ価格が低い時期ですので、原価も低くて済みます。競合の激しい現代では、品質面に加えて経営面でも有利なソース作りを行いたいものです。(谷本)

トマトソース

イタリア料理にとって、欠かすことのできないソースがトマトを使ったソースです。イタリア産でもいろいろなタイプのトマトが入手できますし、ソースの材料以外に、そのまま調理に使って鍋の中でソースにもしますので、各トマトの持ち味から知ることが大切です。(今井)

サンマルツァーノ種

サンマルツァーノ種は、ヴェスヴィオ火山の東に広がるノチェーラ平原の、サンマルツァーノ村で生産されているDOP認定トマト。果肉が厚い上に、ルンゴよりやわらかで煮溶けやすい。種の周りのゼリー分が少なく甘みとうま味が強く、風味も濃厚。このため塩とオリーブオイルで調味するだけでよく、他の野菜で甘さを足す必要はありません。ムーランなら軽く潰すことができ、ピッツェリアでは果肉感を残すため、あえて手で潰します。

ルンゴ

lungoは「ロング」「長い」の意で、細長いトマトのこと。1980年代、サンマルツァーノ種の病害被害を機に品種改良され、以後、長トマトの主流となった病害に強いタイプです。原産地表示の厳格化により、ルンゴはサンマルツァーノ村以外で作られた長トマトのことを指し、主な産地はプーリア州。果肉が厚く味は濃厚で、皮が厚くサンマルツァーノ種よりつぶれにくいのが特徴。煮込むほどに味が出て、コクのあるソースが作れます。

材料

トマト(サンマルツァーノ種)…360g
塩…3g
オリーブオイル…大さじ1
オレガノ(好みで)…少々

作り方

1. サンマルツァーノ種のトマトは、ムーランなどで裏漉しにする。
2. 塩とオリーブオイルを加えて混ぜ合わせる。好みでオレガノを加える。

材料

トマト(ルンゴ)…4缶(1号缶)
にんにく(みじん切り)…大さじ1
玉ねぎ(ソフリット)…600g
ローリエ…1枚
バジリコの茎(好みで)…4〜5本
E.X.V.オリーブオイル…適量
原塩・塩…各適量

作り方

1. ルンゴは、前もって手で潰しておく。
2. 鍋にオリーブオイルとにんにくを入れて火にかけ、きつね色になったら玉ねぎのソフリットを加えて炒め、玉ねぎが馴染んだら、潰したトマトをを加える。
3. ローリエ、縛ったバジリコの茎を加え、20分ほど煮込む。量が少ないときは時間を調整する。

トンド

Tondoは「丸い」の意で、その名の通り丸型のトマト。丸型は、かつては主流のロマーノ種が現在ほとんど見られなくなり、代わりにトンドが出回っています。形を残したものは流通せず、ほとんどがダイスカットかパッサータです。果肉はしっかりとしていて煮崩れしにくく、酸味と甘みとのバランスが良いのが特徴。他のトマトに比べて味が薄いので、ソースにはソフリットなどでコクを出します。煮すぎると味が飛ぶので注意が必要です。

材料

トマト（トンド）…500g
玉ねぎ…（ソフリット）…250g
人参（ソフリット）…125g
セロリ（ソフリット）…125g
ひまわりオイル…適量
塩…適量

作り方

1. 鍋にひまわりオイルを熱し、玉ねぎ・人参・セロリのソフリットを加えて炒め、ソフリットが馴染んだらトンドを加える。
2. 軽く煮込んで完成。風味が飛ぶので、あまり煮込まない。

ポモドリーニ

小さいサイズのトマトで、プーリアやシチリアなど南の地方で生産されています。完熟品を生産地で缶詰加工されますので、みずみずしく甘みが強いのが特徴。日本でいうプチトマトですが、日本産より甘みは濃厚。この甘さを活かすため、これを使うトマトソースは、にんにくと塩でシンプルに仕上げます。またペペロンチーノも加えると、味が締まります。こちらもルンゴに比べて加熱しすぎると風味が飛びますので、煮すぎに注意します。

材料

トマト（ポモドリーニ）…200g
にんにく…1片
ペペロンチーノ・ピッコロ…1/2本
E.X.V.オリーブオイル…適量
塩…適量

作り方

1. 鍋にオリーブオイル、潰したにんにくとペペロンチーノ・ピッコロを入れて火にかける。
2. にんにくがきつね色になったら、取り出し、ポモドリーニを加え、塩をして軽く煮込む

トマトソース

ダッテリーニ種

濃厚で酸味が少なく甘みが強いことから、2010年台初頭から日本でも注目され始めた、小さくて細長いトマトです。身はしっかりとしていて、皮はどちらかというと硬いのが特徴。カンパニアやプーリア、サルディーニャなどが生産地で、近年、大手業者の扱いが始まっています。ソースにする場合は、皮はムーランで漉します。ここでは煮込み料理にも使えるよう、パンチェッタを加えて非常に濃厚なソースに仕上げました。

材料
トマト（ダッテリーニ種）…400g
にんにく…2片
E.X.V.オリーブオイル…30cc
パンチェッタ…40g
塩…少々

作り方
1. 鍋にオリーブオイルと潰したにんにくを入れて火にかけ、香りが出たらパンチェッタを入れて炒める。
2. ダッテリーニを加えて塩をし、煮込む。皮が固く身もしっかりしているので、しばらく煮込んでも、ほとんど煮崩れない。
3. 全体に火が入ったら、ムーランで他の材料とともに漉す。

ミニトマト（フレッシュ）

日本産のフレッシュプチトマトです。近年は日本でも、濃厚で甘みの強いトマトが作られるようになり、特にミニトマトは、チェリートマトや細長い形のアイコなど、産地にもよっては非常に味の良いものがあります。どれも缶詰製品にはないフレッシュ特有のみずみずしい甘さが特徴です。注意点は、未熟のものは使わないこと。完熟していないと、青臭さが出てしまいます。ここではアンチョビも加え、味に変化のあるソースを紹介。

材料
ミニトマト…5パック
にんにく（みじん切り）…1片分
アンチョビ（粗みじん切り）…4本分
オリーブオイル…60cc
塩…少々

作り方
1. 鍋にオリーブオイルに、にんにくを入れて火にかけ、きつね色になったらアンチョビを加えて香ばしさが出るまで炒める
2. 半分にカットしたミニトマトを加え、塩をしてしんなりするまで炒め、ソースとする

ナポリ風トマトソース

イタリア料理といえばスパゲッティ、という時代から馴れ親しまれてきた「ナポリタンソース」の原型とされるソースです。本格派のこのソースは豚の塊肉を使う手の込んだもので、ずっしりとした重量感があり、もちろんパスタともよく合います。

材料

8人分
豚モモ肉…600g
にんにく…5片
パンチェッタ（小角切り）…80g
玉ねぎ（小角切り）…200g
人参（小角切り）…100g
セロリ（小角切り）…100g
白ワイン…180g
トマトの水煮…1.5kg
鶏のブロード…500cc
ローリエ…5枚
ラード…適量
塩・胡椒…各適量

1. 豚モモ肉は塩・胡椒をし、ラードを熱したフライパンで表面に焼き色をつける。

2. 鍋にラードとにんにくを入れて火にかけ、香りを移してパンチェッタと香味野菜を炒め、1を入れ、ワインを注ぐ。

3. トマトの水煮も加え、ブロードを入れて軽く煮る。裏側を炙ったローリエを入れ、180℃のオーブンでさらに煮る。水分が減ったら、途中でお湯を足してもよい。

4. 豚肉が柔らかくなったら、一旦取り出して小角切りにする。

切った豚肉は鍋に戻し、塩・胡椒で味をととのえると、ソースの完成。

挽き肉のラグー

ラグーとしては一般にボロネーゼが有名ですが、実は肉をたっぷりのスープで煮込んだもののことをいいます。牛だけでなく、タコなど魚介のラグーもあります。あえて「挽き肉の」としたのは、本来は塊肉を煮込んだものだからです。(谷本)

ボローニャ風ラグー

トマトソースと並び、イタリア料理を代表する知名度の高いソースの一つです。
ボローニャでは土地で取れる豊富な産物を活かして、生ハムの脂や肉など複数を入れて肉のブロードで煮込みます。
同じボローニャ風でも、地域によって入る物や調理法が多少違います。

材料

- バター…80g
- 生ハムの油脂、または豚脂…200g
- 牛挽き肉（粗挽き肉）…300g
- 仔牛挽き肉…300g
- 鶏レバー…200g
- オリーブオイル…適量
- 人参（みじん切り）…200g
- 玉ねぎ（みじん切り）…250g
- セロリ（みじん切り）…120g
- 小麦粉…適量
- トマトペースト…150g
- 赤ワイン…250cc
- 肉のブロード…1000cc
- ローリエ…2枚
- タイム…適量
- クローブ…4本
- 塩・胡椒…各適量
- ナツメグ…適量

1 鍋を火にかけてバターを溶かし、生ハムの油脂か豚脂を刻んで加え、風味を油に移す。

2 風味の移った油に香味野菜を入れ、味が出るまで30分は炒めておく。

3 フライパンで、挽き肉と細かく刻んだレバーを加えてよく炒める。レバーはコクを出すために加える。

4 小麦粉を肉全体にふりかけ、さらにトマトペーストを加えてざっとかき混ぜ、全体に熱を加える。

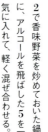

5 粉けがなくなるまで混ぜ合わせたら、赤ワインを注ぐ。さらに加熱しアルコール分を飛ばす。

6 2で香味野菜を炒めておいた鍋に、アルコール分を飛ばした5を一気に入れて、軽く混ぜ合わせる。

7 肉が合わさったら、ブロードを注ぎ入れる。

8 ローリエ、タイム、クローブを入れ、常に少し沸騰した状態で約1時間半ほど煮込み、塩、胡椒、ナツメグで味をととのえる。

ナポリ風ラグー

● 挽き肉のラグー

平野の少ない南の地方は、牛よりも羊が飼われてきました。このため肉の文化も本来牛ではなく羊の文化です。ラグーでも羊肉をよく使います。ただしここでは、日本人に抵抗感のない牛肉を使いました。トマトの産地のナポリ周辺では、トマトベースで煮込みます。

材料

- 豚脂…80g
- にんにく（みじん切り）…2片
- 玉ねぎ（みじん切り）…330g
- 人参（みじん切り）…180g
- セロリ（みじん切り）…150g
- オリーブオイル…40cc
- 牛挽き肉…800g
- 小麦粉…適量
- トマトペースト…150g
- 赤ワイン…180cc
- 湯むきトマト（ダイスカット）…500g
- 肉のブロードまたはお湯…適量
- ローリエ…2枚
- ナツメグ…適量
- マジョラム…適量
- オリーブオイル…40cc
- 塩・胡椒…各適量

1. 鍋に火をかけ、豚脂を炒めて溶かす。バターではなく、豚脂を使うのも南の地方の技法

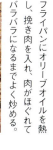

2. にんにく以下、香味野菜を加え、味がよく出るまで30分は炒めておく。

3. フライパンにオリーブオイルを熱し、挽き肉を入れ、肉がほぐれてバラバラになるまでよく炒める。

4. 火にかけたまま、小麦粉を少々ふり入れてかき混ぜ、トマトペーストを加えて肉にからむよう全体によく混ぜる。

5. さらに赤ワインをふりかけて、アルコール分を飛ばしながらよく混ぜ合わせる。

6. 香味野菜を炒めておいた2の鍋に、4の挽き肉を加える。全体によくかき混ぜる。

7. 湯むきしてダイスカットしたトマトを加え、よくかき混ぜたら、ブロードまたはお湯を注ぎ、弱火で煮込む。

8. ローリエも入れる。味が出ていなければブロードまたはお湯を継ぎ足してさらに煮込み、コクを出す。塩・胡椒・ナツメグ・マジョラムで味をととのえる。

他のソース

トマトソースやラグー以外に、ソースとして多く用いられるものに、ベシャメッラとバジリコソースがあります。ベシャメッラは今の時代に合った作り方を、バジリコソースは経済性を取り入れた作り方を紹介します。（谷本）

ベシャメッラ

イタリアでも健康に関心の高い人が増えており、レストランでも色々と工夫がされています。
昔のベシャメッラはバターをたっぷりと使っていましたが、最近ではひまわりオイルまたはオリーブオイルを使う店が増えてきています。

材料

ひまわり油オイル（またはオリーブオイル）…適量
小麦粉…適量
牛乳…適量
塩・白胡椒…各適量

1. ひまわりオイルまたはオリーブオイルを鍋に流し、小麦粉をふり入れて火にかけたら、ダマにならないよう小麦粉をよく炒め、粉臭さを取り除く。

2. 温めておいた牛乳を少しずつ加えながら溶かし、焦がさないように炊き上げたら、塩・白胡椒で味をととのえる。

バジリコソース

バジリコの旬は、初夏から夏にかけて。価格も安いこの時期はバジリコを大量に買って、バジリコのソースを仕込んでおきます。チーズを入れなければ色々な料理に使えますし、真空パックして冷凍しておけば、色も変化しませんので、試して下さい。

材料

バジリコ…100g　　クルミ…40g
ひまわりオイル…350cc　にんにく…5g
松の実…40g　　　塩…一つまみ

1. ミキサーに、茎の部分を除いたバジリコと他の材料を入れて回す。

2. 大量に作るので、ビニール袋に小分けして入れ、保存するとよい。真空パックして冷凍しておくと、色も悪くならず香りも変化しない。

ブロード スーゴ・ディ・カルネ

各種のブロード、スーゴ・ディ・カルネは、シェフによって様々。基本の材料は同じでも、オーブンで焼く人、野菜を多く加える人、違うだし素材を加える人もいます。ここでは谷本シェフと今井シェフのレシピを紹介します。

❖ 谷本 ❖

◆鶏のブロード
《材料》水6ℓに対して
鶏ガラ…2kg
水…1ℓ
玉ねぎ(乱切り)…1個分
人参(小。乱切り)…1本分
セロリ(大。乱切り)…1本分
トマト…2個
クローブ…2本

《作り方》
1 鶏ガラはオーブンで焦げない程度に焼く。
2 深めの鍋に水を入れ、1の鶏ガラ、香味野菜とトマト、クローブを加えて火にかける。この時、クズ野菜やにんにくの皮があれば加えてもよい。
3 40分〜1時間かけて煮込んでいく。この時、煮立たせないように注意して静かに煮込んでいくことが澄んだスープに仕上げるコツ。
4 途中、煮詰まってきたら湯を適宜加える。アクは丁寧に取り除く。
5 シノワ(漉し器)で漉して使う。

◆魚のブロード
《材料》水1ℓに対して
白身魚のアラ…200g
水…1ℓ
玉ねぎ(乱切り)…80g
セロリ(乱切り)…50g
人参(乱切り)…50g
ローリエ…1枚
黒粒胡椒…適宜

《作り方》
1 魚のアラは、血合いなどを流水でよく洗う。
2 深めの鍋に1の魚のアラ、香味野菜、ローリエ、黒粒胡椒を入れて水を加え、弱火でじっくりとだしを取る。
3 途中、アクを丁寧に取りながら2時間ほど煮出し、シノワ(漉し器)で漉して仕上げる。

◆肉のブロード
《材料》水3ℓに対して
牛スジ…150g
鶏ガラ…150g
豚のスジ…200g
水…3ℓ
にんにく(小)…1片
玉ねぎ(乱切り)…100g
セロリ(乱切り)…80g
人参(乱切り)…80g

《作り方》
1 牛スジ、豚のスジ、鶏ガラは流水で洗い、血や余分な脂肪を除いておく。
2 それぞれ200℃のオーブンで焦がさないよう、完全に火が通るまで焼く。
3 にんにくはつぶして、香味野菜と共に180℃位のオーブンで色づかない程度に焼く。
4 1から出た脂分をよくきって3の野菜と一緒に深鍋に移し、水を加える。
5 4の鍋を弱火にかけ、約3〜4時間かけて、コトコトと煮込む。途中、出てくるアクは丁寧に取り除く。
6 5をシノワ(漉し器)で漉す。

❖ 今井 ❖

◆鶏のブロード
《材料》でき上がり8ℓ
鶏ガラ…5kg
玉ねぎ…3個
白ワイン…360cc
人参…2本
にんにく…1株
岩塩…少々
セロリ…2本
ローリエ…2枚
水…適量

《作り方》
1 鶏ガラは、血合い、内臓をとり、一度茹でこぼしてから、流水で20分ほどさらす。
2 玉ねぎと人参は、頭の部分に十字に包丁目を入れる。にんにくは薄皮をむかず、横半分にカットする。
3 1の鶏ガラ、2の野菜と残りの材料を大きめの鍋に入れて火にかける。最初は強火で、沸騰したらアクを丁寧に取り除く。
4 軽く沸騰する程度に火力を調整し、約3時間煮込んだら、材料を漉す。

◆魚のブロード
《材料》でき上がり4ℓ
白身魚のアラ…1kg
玉ねぎ…1個
セロリ…1本
ローリエ…2枚
白ワイン…180cc
岩塩…少々
水…適量

《作り方》
1 魚のガラはブツ切りにし、20分ほど流水にさらしておく。
2 玉ねぎは3cm厚さにスライスし、セロリも3cmほどの長さに切っておく。
3 1のガラ、2の野菜と残りの材料を大きめの鍋に入れて火にかける。最初は強火で、沸騰したらアクを丁寧に取り除く。
4 軽く沸騰する程度に火力を調整し、約30分間煮込んだら、材料を漉す。

◆スーゴ・ディ・カルネ
《材料》水3ℓに対して
鶏ガラ…150g
牛のゲンコツ…250g
にんにく(つぶしたもの)…1片
玉ねぎ(乱切り)…1/2個
セロリ(乱切り)…50g
人参(乱切り)…50g
オリーブオイル…適量
牛スジ…150g
仔牛のスジ…100g
小麦粉…少々
赤ワイン…約30cc
完熟トマト(ざく切り)…30g
トマトペースト…30g
水…3ℓ
ローリエ…1枚

《作り方》
1 牛のゲンコツと鶏ガラは200℃に熱したオーブンで焦げないように焼く。
2 トマトとトマトペースト以外の野菜とにんにくを、オリーブオイルで炒める。
3 牛と仔牛のスジに小麦粉をまぶしてオイルを熱したフライパンで焼き、赤ワインを加え、鍋底についた焦げ目を木杓子でこそげながら混ぜる。
4 深鍋に1の鶏ガラとゲンコツ、2の野菜と3をワインごと加え、トマト、トマトペースト、水、ローリエを加え、弱火で4〜6時間煮込む。アクを取り、シノワで漉す。

SALSAのテクニック

ビンコット

ぶどう液を煮詰めて熟成させた調味料で、白ぶどうで作ることが多い北の地方ではサパ、赤ぶどうで作ることの多い南ではビンコットといいます。ぶどうのシーズンに作るといいでしょう。(今井)

材料

ぶどう(巨峰またはワイン用ぶどう)…適量

ぶどうは写真の巨峰か、できればワイン用のものが手に入れば、それを使いたい。半割りにして鍋に入れ加熱する。

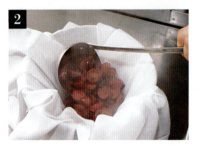

空煎りしてぶどうジュースが出てきたら、ガーゼなどに取り出す。ぎゅっと絞ってぶどう液を取り出す。

鍋に移して煮詰める。コクを出すために、ここでワインを入れる人もいる。

約1時間半煮込むと、とろっとした状態になる。フレッシュなものは10日間は持つ。

バイオレットマスタード

ぶどうとマスタードを合わせたソースはフランスにもあるそうですが、私は羊や肉をローストしたもののほか、ジビエなどにもよく使います。(谷本)

材料

ぶどう(巨峰)…700g
レーズン…100g
赤ワイン…500cc
ポメリーマスタード…テーブルスプーン3杯
フレンチマスタード…テーブルスプーン4杯
蜂蜜…適量

半割りにして種を取ったぶどう、赤ワインで戻したレーズン、赤ワインを鍋に注ぐ。

レーズンとワインで、コクが出る。水分がなくなる直前まで煮詰める。

ミキサーでペースト状にする。煮詰め加減で濃度は変わる。

冷まして、マスタードと蜂蜜を合わせる。ビンに入れ、煮沸して完成。

ワインの一大産地だけあって、イタリアにはブドウを使ったソース用の食材がたくさんあります。こうしたものも、店で手作りしてみることで、味の特徴や、相性の良い食材、その調理法のヒントなどが分かってきます。

サクランボのバルサミコ酢漬け

バルサミコ酢を7割ほどに煮詰め、砂糖を入れて冷ます。サクランボ（ダークチェリーでも可）を入れて涼しい所で2〜3年漬け込むと完成です。生ハムやリコッタチーズとも相性が良く、ソースとしても使えます。（谷本）

材料

サクランボ…適量
バルサミコ酢…適量
砂糖…適量

砂糖を加えたバルサミコ酢に、サクランボを漬け込む。早く漬けたい場合は、サクランボを茹でてから漬けると、1ヶ月でできる。

サクランボだけでなく、漬け込んだ汁の方も肉料理のソースとして使える。

モスタルダ

フルーツや野菜を漬けたモスタルダは、ロンバルディア州クレモナの特産品。フルーツなどの保存のために考えられたもので、辛くて甘い不思議な味です。鶏や牛肉をローストする時に塗ったり、色々なソースに入れたりします。（谷本）

材料

きんかん…適量
ダークチェリー…適量
洋梨…適量
ルバーブ…適量
水…適量
砂糖…10に対して水3
蜂蜜…適量
マスタードエッセンス…数滴
シナモンスティック…少々
レモンの皮…1個分
クローブ…3本

鍋に水と砂糖を入れて加熱し濃いシロップを作って煮立てたら、シナモン、クローブを入れて、さらに煮立てる。

野菜と果物は荷崩れしにくい順に入れ、しんなりするまで煮込む。

煮あがった材料は、取り出して冷ましておく。

鍋に残ったシロップには、蜂蜜を適量を入れてかき混ぜる。

最後に、マスタードエッセンスを数滴加えて冷ます。イタリアの薬局で買えるマスタードエッセンス。強烈なガス臭があり、ビンの上から臭いを嗅がないよう注意。

密閉容器に、冷ましておいた3を入れ、シロップを流し入れる。

SECONDO

食事の中の主役に当たる料理で、店でも最も力が入るのがセコンドピアットです。
北から南まで、各地には個性に富んだ様々な料理が見られますが、今のお客の支持を集めるためには、
現代的なイタリア料理に欠かせないキーワードを盛り込んだ、魅力の高い内容が必要です。

さらに魅力を高めるための、現代イタリア料理のキーワード

▶▶▶▶▶ 季節を感じさせる

南北に細長く、寒冷な地方から暑い地方までの地域差があり、しかも四季がある。地理的な条件が良く似たイタリアと日本には、気候面でもよく似たところがあります。「季節」という視点で料理を見ると、イタリアには様々な料理が見られます。気候によってお客の嗜好も変わってきますので、イタリア料理においても季節を感じさせることが大切です。例えば、旬の素材を上手に活用することは、今以上に考えたいところ。旬はその食材が一年で最も味良く、しかも価格面でも有利に仕入れることのできる時期です。旬の素材が多い魚介や野菜は、同じ時期には他店でも使うことが多くなりますので、調理の上で工夫は必要です。季節感が出しにくい肉料理は、ソースの味つけや盛りつけの方を工夫することによって、季節を感じさせるようにするといいでしょう。（谷本）

▶▶▶▶▶ 料理としての豪華さ

セコンドピアットは、その食事の中の主役となる料理。食べ手の側も、主役の一皿として料理に期待します。主役として必要なのが、豪華さです。私は、食材のボリュームはもちろんのこと、盛りつけでも豪華さを出すよう心掛けます。ボリュームに関しては、もちろん魚・肉とメイン料理が二皿並ぶフルコースでは、おのずと量は控えなければなりませんが、一皿だけのコースやアラカルトでは、ボリュームを重視します。量があまり多いと残される方もいますが、お腹一杯で残されるのなら、全然いいと思っています。逆に物足りないとすると、いくら素晴らしい内容の料理でも、何かしらの不満としてお客様の心に残ってしまうと思います。それならば、残されるくらいのボリュームの方が、プラスの意味でお客様の心に残りますし、次回の来店にも結びつきやすいと思います。（今井）

PIATTO

▶▶▶▶▶ 驚きも重要

人の心に残るもの（または体験）には、ある種の驚きが伴っているといいます。そこで、テーブルに料理が運ばれてきたときに、お客様が「えっ!?」と驚く要素が、メイン料理を作る際には重要です。ボリューム感だけでなく、心に残る素晴らしい盛りつけであったり、思っても見なかった素材が使われていたり、予想しなかった美味しい味のソースであったり…といったことが挙げられます。つまり、お客様の思い描いてたイメージを、"いい意味で裏切る"メニュー作りがなされていることです。かといって、あまりに装飾に走りすぎた盛りつけ、あまりに難解な味の構成や強すぎる味わいでは、イタリア料理ではなくなってしまいますので私はいいとは思いません。イタリア料理の伝統をベースにした上で、お客様の期待を凌駕する魅力を出したいものです。（今井）

▶▶▶▶▶ 健康への配慮

イタリア料理では、かつてはメイン料理は皿に調理した料理がどんとのせられていて、付け合せ（コントルノ）は食べたい人が別に注文する、というスタイルが多く見られました。今では付け合わせを添えた料理が多くなりましたが、これは人々の健康への関心が高くなったこととも大いに関係があります。メイン一皿の中で、肉または魚と、付け合せの野菜を一緒に食べたいというお客が増えてきたため、その意見を反映させてレストランでもメイン食材と付け合せの比率を、十対ゼロから八対二に、七対三に、そして五対五にというところが出てきているのです。そして、「盛り付け」の意識も強くなってきました。野菜の付け合せも一皿に盛り合わせるということから、メイン食材と付け合せとのバランスを考えた、きれいな盛り付け方も学ぶ必要が出てきています。（谷本）

肉料理

近年の肉ブーム以降、牛肉以外にも肉の嗜好の幅が広がってきていて、豚肉、羊肉、鶏肉などの人気も高まってきました。そこでイタリアの多彩な肉料理を紹介し、本場で学んだ肉料理の技術、考え方とレシピを解説しましょう。

牛肉のタリアータ バルサミコ風味

網で焼いて、そぎ切りにした牛フィレ肉を、爽やかなバルサミコ酢の風味で楽しませる一品です。ソースにはバルサミコ酢のほかに、バルサミコ酢に漬けた小玉ねぎなどを加えて作ります。付け合せにも、バルサミコ酢に漬けたサクランボを添えます。(谷本)

材料

1人分

- 牛フィレ肉…120g
- バルサミコ酢…30cc
- スーゴ・ディ・カルネ…20g
- バルサミコ酢に漬けた小玉ねぎ(みじん切り)…2個
- バルサミコ酢 DOC…少々
- バター…5g
- ルコラ…12g
- 塩・胡椒…各適量
- E.X.V.オリーブオイル…適量
- サクランボのバルサミコ酢漬け(125ページ参照)…3個
- かぼちゃのスフォルマート(右記参照)…1個

作り方

1. ソースを作る。鍋にバルサミコ酢を入れ、1/3量に煮詰めてスーゴ・ディ・カルネを加え、バルサミコ酢漬けの小玉ねぎを入れ、少し煮詰める。
2. 塩、胡椒、DOCのバルサミコ少量で味をととのえ、バターを加えてとろみをつける。
3. フィレ肉は、塩、胡椒をして網焼きにする。アルミホイルで包んで休ませる。
4. ルコラは、塩、胡椒、E.X.V.オリーブオイルで味をつけ、皿に盛る。
5. 温めたスフォルマートを添え、3の肉を切って盛る。2をかけ、サクランボを添え、黒胡椒をちらす。

【スフォルマートの作り方】
かぼちゃのピューレ65g、卵黄1個、パルミジャーノ15g、生クリーム20cc、ナツメグ・塩・胡椒各適量を混ぜ、バターをぬったプリンカップに詰め、湯煎しながらオーブンで焼く。

牛肉のピッツァイオラ風

チーズ、トマトソース、オレガノ…など、ピッツァ職人が使う食材で作る料理には、イタリアでは「ピッツァイオラ風」の名が添えられます。ピッツァ用ならチーズはモッツァレラなのですが、ここでは香りが豊かで、すぐに固まらないタレッジョを使いました。(谷本)

材料

1人分
- 牛ロース肉…120g
- トマトソース…50cc
- タレッジョ…30g
- オレガノ…少々
- ケッパー(酢漬け)…6g
- イタリアンパセリ(みじん切り)…適量
- 白ワイン…50cc
- アンディーブ(スライス)…80g
- にんにく(みじん切り)…少々
- パセリ(みじん切り)…適量
- 塩・胡椒…各適量
- E.X.V.オリーブオイル…適量
- イタリアンパセリ…適量

作り方

1. 肉は三等分に切り、少し叩いて塩、胡椒をする。
2. フライパンにE.X.V.オリーブオイルを熱し、**1**を入れて両面を軽くソテーしたら、肉の上にトマトソースをのせ、タレッジョ、オレガノ、ケッパー、イタリアンパセリをのせる。
3. 肉の周りに白ワインを注ぎ、蓋をしてチーズが溶けるまで蒸し焼きにする。
4. 別のフライパンに、オリーブオイルとにんにくを入れて熱し、アンディーブを軽く炒めて、塩、胡椒をしてパセリを加え、つけ合せとする。
5. 皿に**3**を盛り、**4**を添える。イタリアンパセリを飾る。

肉料理

牛フィレ肉のステーキ 秋の味覚を添えて

牛ステーキの付け合わせとして茸をふんだんに盛り、皿の上で秋を表現した一品です。
茸はポルチーニやトリュフに加えて、キョディーニも使いました。キョディーニは日本でいう「なめこ」で、
日本のものより大きく粘りが薄いのが特徴です。(谷本)

材料

牛フィレ肉…130g
ポルチーニ
　(ダイスカット)…30g
キョディーニ(なめこ)
　…30g
黒トリュフ(スライス)
　…適量
スーゴ・ディ・カルネ
　…少々
にんにく(みじん切り)
　…少々
オリーブオイル…適量
白ワイン…15cc
じゃが芋…1個
かぼちゃ(裏漉し)
　…適量
生クリーム…適量
ナツメグ…少々
パルミジャーノ
　(すりおろし)…適量
バター…少々
塩・胡椒…各適量
イタリアンパセリ…適量

作り方

1. コントルノ(付け合せ)を準備する。じゃが芋は茸の形にむき、塩を入れたお湯で茹でて油で揚げておく。かぼちゃは、生クリームと共に火にかけて練り合わせ、ナツメグ、パルミジャーノ、バター、塩、胡椒で味をととのえ、絞り袋に入れて保温しておく。
2. ポルチーニ、キョディーニ、は、オリーブオイルとにんにくで炒めながら、塩、胡椒で軽く味を付け、白ワインをふっておく。
3. フィレ肉は塩、胡椒をしてミディアムに焼き、少し休ませてから皿に盛る。
4. 3のフライパンにスーゴ・ディ・カルネを入れ、2のキョディーニのうち傘の大きなもの5〜6個を取って置き、残りの茸を入れる。
5. 4は塩、胡椒で味をととのえ、3の肉にかけ、茸を添えて1を盛り合わせる。
6. トリュフをスライスしてのせ、4でとっておいたキョディーニの頭を飾る。イタリアンパセリを添える。

仔牛フィレ肉のソテー マスカルポーネチーズとサクランボ風味のバルサミコ酢のソース

リストランテの料理です。仔牛肉の淡白なうま味を活かすため、肉の周りにパンチェッタを巻いて塩けを補い、無味無臭のひまわり油で焼き上げます。マスカルポーネのソースに、サクランボのバルサミコ酢漬けのフルーティーな風味で食べます。（今井）

材料

4人分
仔牛フィレ肉…80g×4
パンチェッタ（スライス）…8枚
薄力粉…少々
ひまわり油…適量
マスカルポーネチーズ…160g
生クリーム…90cc
パルミジャーノ（すりおろし）…12g
バター…40g
塩・胡椒…適量
サクランボのバルサミコ酢漬け
　（125ページ参照）…適量

作り方

1. フィレ肉はパンチェッタを巻いてたこ糸で縛り、胡椒をして小麦粉をつけ、ひまわり油を熱したフライパンで焼き上げ、たこ糸を取って保温しておく。
2. 鍋にマスカルポーネと生クリームを入れて軽く煮詰め、火から下ろし、パルミジャーノとバターを加えて混ぜ合わせ、塩・胡椒で味をととのえる。
3. サクランボを漬けたバルサミコ酢90ccを取り出して鍋に入れ、とろみがつくまで弱火で煮詰める。
4. 2を皿に流し、1をのせる。3を肉にかけ、サクランボを飾る。

肉料理

サーロインの薄切りしゃぶしゃぶ仕立て 美食家ソース

ミラノにほど近いマレオという町にある名物リストランテで習った、オーナーのオリジナル料理です。日本料理の影響を受けて作った料理のようで、オーナーは私が伺った1980年代頃から、「しゃぶしゃぶ」という言葉を知っていました。(谷本)

牛ロース肉は、軽く塩をしたらブロードにさっとくぐらせて皿に盛る。

ソースはガルムやバルサミコ酢で調味。このソースはローストビーフにも合う。

材料

1人分
- 牛ロース…70g×2枚
- 肉のブロード(または鶏のブロード)…適量
- 塩…適量
- ミックス野菜…適量
- バルサミコ酢…適量
- バルサミコ酢 DOC…10cc
- サルビアの葉…適量

●美食家ソース
- 茹で玉子の黄身(裏漉し)…3個分
- アンチョビ(フィレ。みじん切り)…6枚
- ガルム…10cc
- ケッパー…(みじん切り)10g
- ピクルス…(みじん切り)20g
- シブレット(みじん切り)…5g
- 粒マスタード…20g
- パセリ(みじん切り)…5g
- E.X.V.オリーブオイル…250cc
- バルサミコ酢…適量
- 塩・黒胡椒…各適量

作り方

1. ソースを作る。ボールに茹で玉子とアンチョビ、ガルムを混ぜ合わせる。ケッパー、ピクルス、シブレット、粒マスタード、パセリを入れて、E.X.V.オリーブオイルを少しずつたらしながらマヨネーズを作る要領で混ぜる。
2. バルサミコ酢、塩、黒胡椒少々で味をととのえてソースとする。
3. 軽く塩を入れたブロードを沸騰させる。
4. 薄くスライスした肉をブロードにさっと潜らせ、ミックス野菜をしいた皿にのせる。
5. 2のソース適量をかけ、その上からバルサミコ酢を1/3量くらいに煮詰めたソースと、バルサミコ酢DOCをかける。サルビアの葉を飾る。

牛肉のカツレツ ルネッサンス風

SECONDO PIATTO ▼ メイン ● 肉料理

パン粉を薄くつけ、多めの油でさっと揚げ焼きにしたカツレツです。ルネッサンス風とは、この時代に富の象徴としてスパイスが注目されたことから、スパイスを多く使ったものに名づけられます。この料理では、ソースに色々な香辛料を使ってみました。（谷本）

材料

2人分
- 牛ロース…120g×2
- 小麦粉…少々
- 溶き卵…1個
- 香草パン粉…適量
- オリーブオイル…適量
- スーゴ・ディ・カルネ…100cc
- 生姜…20g
- クローブ…15粒
- シナモン…1/2本
- セージ…1枚
- マジョラム…2本
- ブールマニエ…適量
- 塩・胡椒…各適量

作り方

1. 小鍋に叩いて細かく切った生姜と、クローブ、シナモン、スーゴ・ディ・カルネを入れ、蓋をして弱火で15分ほど香りを抽出して火から外す。セージ、マジョラムを加え2〜3分蓋をして蒸らし、漉す。
2. 塩・胡椒で味をととのえ、ブールマニエでとろみをつける。
3. 肉は塩・胡椒をして小麦粉、溶き卵、香草パン粉をつけ、多めのオリーブオイルでミディアムの焼き加減でカツレツにし、温かい所に置いて少し蒸らす。
4. カツレツを二等分にして皿に盛り、2をかける。つけ合せの野菜（分量外）をあしらう。

肉料理

牛ホホ肉の詰め物の煮込み タスカ

ローマで食べた家庭料理です。ホホ肉は硬いので、赤ワインでやわらかく煮た料理が冬場に作られることが多いもの。ここでは2種類の挽き肉で詰め物をし、白ワインで煮込み、ボリュームたっぷりの料理に仕立てます。ソースとして、煮た香味野菜を添えます。（今井）

材料

4人分
牛ホホ肉…1塊り
豚挽き肉…100g
鶏挽き肉…70g
卵白…1個分
ヘーゼルナッツ
　（煎ったもの）…5g
パセリ（みじん切り）
　…適量
玉ねぎ（みじん切り）
　…100g
人参（みじん切り）
　…80g
セロリ（みじん切り）
　…80g
にんにく（みじん切り）
　…1片分
白ワイン…200cc
トマトの水煮…60cc
塩・胡椒…各適量
小麦粉…適量
E.X.V.オリーブオイル
　…適量
アンディーブ…適量
モルタデッラ
　（スライス）…適量
グラナパダーノ…適量

作り方

1. 牛ホホ肉はスジを取り、側面から庖丁を入れ、穴を開けないように袋状にしておく。
2. 豚と鶏の挽き肉、卵白をボールに入れ、ヘーゼルナッツを粗みじん切りにして加えてよく混ぜ、塩・胡椒で味をととのえてから、**1**の中に詰める。開いた口は竹串またはピケ針で縫っておく。
3. 鍋にE.X.V.オリーブオイルを熱し、玉ねぎ、人参、セロリ、にんにくを入れてよく炒める。
4. フライパンにE.X.V.オリーブオイルを流して火にかけ、**2**に小麦粉をまんべんなくまぶして入れる。
5. 肉に焼き色がついたら余分な油を捨て、ワインを注ぎ、**3**の鍋に入れる。
6. さらにトマトの水煮を入れ、肉が柔らかくなるまで煮込む。
7. **6**を皿に盛り、つけ合せとして、アレティーブにモルタデッラを巻き、グラナパダーノを削ってかけ、オーブンで焼き上げたものを添える。

オッソブーコ

ミラノの伝統料理です。料理名の「穴の開いた骨」は、スネ肉を骨ごと輪切りにして煮込み、骨から骨髄が抜けて肉に穴が開いていることから付けられました。仕上げにレモンの皮をすりおろして入れ、後口を爽やかに仕上げます。ミラノ風リゾットが必ず添えられます。(今井)

材料

6人分
- 仔牛骨付きスネ肉…1.2kg
- 小麦粉…適量
- ラード…適量
- 玉ねぎ(みじん切り)…300g
- 人参(みじん切り)…70g
- セロリ(みじん切り)…70g
- 白ワイン…90cc
- トマトホール…450cc
- 鶏のブロード…360cc
- レモンの皮(すりおろし)…1個分
- パセリ(みじん切り)…適量
- にんにく(みじん切り)…1片分
- 塩・胡椒…各適量

- ミラノ風リゾット…360g
- イタリアンパセリ…適量

作り方

1. 仔牛スネ肉は、片面に塩・胡椒をふり、小麦粉をつけて余分な粉を叩いたら、ラードを熱したフライパンに入れ、全体に焼き色をつける。
2. 別鍋でラードを熱し、玉ねぎ、人参、セロリをしんなりするまで炒めたら、1の肉を入れる。フライパンの余分な脂を捨てて白ワインを注ぎ、鍋肌についた肉のうま味を溶かし、鍋に入れる。
3. トマトホール、ブロードも加え、強火で沸騰させたら、蓋をして170℃のオーブンで1時間ほど煮る。
4. 肉が柔らかくなったら、レモンの皮とパセリ、にんにくを加え、さらに煮て味を入れる。器にソースごと盛りつける。ミラノ風リゾットを添え、イタリアンパセリを飾る。

【ミラノ風リゾット】
105ページの分量・作り方でリゾットを炊く。沸騰したブロードを加えて加熱し、米に火が入ってきたらサフランを加える。そのまま加熱し、アルデンテに炊き上げる。

肉料理

豚スネ肉のオーブン焼き バルサミコ酢と蜂蜜風味

豚スネ肉は、じっくり煮込めば柔らかく食べられる部位。家庭料理でもよく使われる素材です。
この料理はロンバルディア地方の家庭でご馳走になったもので、その家では暖炉の火で調理していました。
バルサミコ酢と蜂蜜のテリが、食欲を誘います。(今井)

材料

4人分
豚スネ肉…1本
玉ねぎ…1個
人参…1本
セロリ…1本
にんにく…2片
ローリエ…2枚
黒胡椒…10粒
白ワイン…90cc
塩…適量
じゃが芋…2個
蜂蜜…90cc
バルサミコ酢…90cc
マスタード…適量

肉と野菜を一緒に煮込み、野菜は付け合せにする。茹で汁はブロードとして使える。

蜂蜜とバルサミコ酢を合わせ、肉にぬりながらオーブンで焼き、照りと香りを出す。

作り方

1. 豚スネ肉、玉ねぎ、人参、セロリ、にんにく、ローリエ、黒胡椒、白ワイン、塩を鍋に入れ、たっぷりの水を注いで火にかけ、豚肉が柔らかくなるまで茹でる。茹で上げたら肉と野菜は取り出しておく。
2. じゃが芋は皮をむいて厚めにスライスし、耐熱皿にのせる。
3. 蜂蜜とバルサミコ酢は、容器に入れて合わせる。
4. 2の皿のじゃが芋の上に1の豚肉をのせ、3をぬり、160℃のオーブンに入れて焼く。途中で表面が乾いてきたら、再び3をぬる。これを何度か繰り返し、約1時間ほどで表面がカラメル状になったらオーブンから出す。
5. 肉は骨と身を分け、皿に盛る。耐熱皿のじゃが芋と、1で取り出しておいた玉ねぎ、人参、セロリも一緒に盛りつけ、好みでマスタードを添える。

SECONDO PIATTO ▶ メイン ● 肉料理

メディチ家風アリスタ

ローマの名物料理といえば、豚の丸焼き料理「ポルケッタ」。その小型版の料理です。街の肉屋でも、豚肉にローズマリーやローリエを挟んだものが「アリスタ」として売られています。そのアリスタを、フィレンツェの大富豪・メディチ家に伝わる古いレシピで作りました。様々なスパイスを使った調理スタイルが、メディチ家の元々の家業が薬屋だったことを彷彿とさせられます。(谷本)

材料

豚肉の塊
　（モモまたは肩ロース）…2kg
にんにく（みじん切り）…3片
ローズマリー（みじん切り）…6本
サルビア（みじん切り）…5本
フェンネルシード…適量
白ワイン…100cc
塩…適量
E.X.V.オリーブオイル…適量
じゃが芋…適量

作り方

1. 豚肉は、数カ所に庖丁で穴を開け、各穴に塩一つまみとにんにく、ローズマリー、サルビア、つぶしたフェンネルを詰める。
2. 肉はネットまたはタコ糸で縛り、天板にのせて、170℃のオーブンで約2時間ほどローストする。途中2回ほどに分けて白ワインをかける。
3. 焼き上がったアリスタは、適当な厚さに切って皿に並べる。
4. 天板に残った焼き汁にお湯少々を加えて火にかけ、底についたうま味をこそげ落としてE.X.V.オリーブオイルを加え、漉して肉にかける。
5. つけ合せにじゃが芋のローストを添える。じゃが芋は皮をむいて適当な大きさに切り、油で軽く揚げ、塩、サルビア、ローズマリーのみじん切り（共に分量外）をまぶし、オーブンでふっくらとするまで焼き上げる。
6. 大き目の皿に**4**をスライスして盛りつけ、**5**を添える。

肉料理

豚肉とキャベツの煮込み カッソーラ

こちらもロンバルディアの料理です。イタリアでは豚は「神様の贈り物」と言われ、ほとんど捨てるところがありません。今回紹介した料理で豚の様々な部位が使われていることからも分かる通り、まさに豚を一頭使って料理が作れるのです。(今井)

材料

4人分
- 豚スペアリブ(または皮つき豚バラ肉)…200g×4
- サルシッチャ…50×4
- パンチェッタ(粗みじん切り)…100g
- 玉ねぎ(スライス)…200g
- 人参(粗みじん切り)…50g
- セロリ(粗みじん切り)…50g
- ちりめんキャベツ…350g
- トマト果肉(またはトマト水煮)…2個
- ティッポ00(または強力粉)…大さじ1
- 赤ワイン…90cc
- 鶏のブロード…720cc
- バター…100g
- 塩・胡椒…各適量

作り方

1. ちりめんきゃべつは茎を除き、葉の部分を大きめに手でちぎっておく。トマトは3cm角にカットしておく。サルシッチャは、竹串で穴を開けておく。
2. 鍋にバターを入れて熱し、パンチェッタ、玉ねぎ、人参、セロリの順で炒める。
3. 野菜が炒まったら豚肉を入れ、肉の両面の色が変わるまで炒める。
4. 小麦粉をふり入れて軽く炒め、ワインを注いでアルコール分を飛ばし、ブロードを加える。
5. 沸騰してきたらアクを取り、蓋をして弱火で肉が柔らかくなるまで煮込む。
6. 1のサルシッチャ、ちりめんキャベツとトマトを入れ、サルシッチャに火が入るまで煮込み、塩・胡椒で味をととのえる。

縁高で、底が楕円形の独特の形をした大型の鍋が「カッソーラ」。煮込み料理に用いられる。

たっぷりの野菜類を炒めてうま味を引き出した中に、豚スペアリブを入れ、色が変わるまで炒める。

豚の内臓の辛いトマト煮 ズッパ・フォルテ

イタリアの内臓料理は、トリッパが代表的な料理としてよく知られています。ところが実は、それだけでなく多彩な内臓料理があります。この料理はナポリのもので、日本の居酒屋の内臓煮込みに似ています。（今井）

材料

15人分
- 豚の気管（ぶつ切り）…1kg
- 豚の肺（ぶつ切り）…1kg
- 豚の脾臓（ぶつ切り）…1kg
- ローリエ…3枚
- ローズマリー…3枚
- ラード…20g
- にんにく…6片
- ペペロンチーノ・ピッコロ…30本
- 玉ねぎ…800g
- トマトペースト…180g
- 赤ワイン…1.5ℓ
- トマト（裏漉ししたもの）…1.5ℓ
- 塩・胡椒…適量
- チャバッタ…適量
- E.X.V.オリーブオイル…適量

作り方

1. 豚の気管、肺、脾臓は、それぞれ一口大に切り、ローリエ、ローズマリーとともにバットに入れ、赤ワイン（分量外）を注いで一晩漬けておく。
2. 圧力鍋に、ラード、にんにく、ペペロンチーノを入れて火にかけ、色づいたら玉ねぎを入れて炒める。玉ねぎがしんなりしたら、トマトペーストを加える。
3. 一晩たった**1**は香草を外し、ワインを捨て、水けをよくきって**2**に入れ、軽く炒める。
4. さらに赤ワインとトマトを加え、塩・胡椒で味をととのえ、蓋をして強火にし、沸騰したら中火に落とし、約50分煮て火からおろし、徐々に圧力を抜いていく。
5. チャバッタは、スライスしてトーストする。
6. 器に**4**を盛り、E.X.V.オリーブオイルをかけ、**5**を添える。

SECONDO PIATTO▶メイン ●肉料理

豚の気管、肺、脾臓など、様々な部位を使う。ぶつ切りにして赤ワインに漬け、臭みを抜いて使う。

肉料理

仔羊のソテー アスパラガスと
ポルチーニのソース

太くて質のいいアスパラが手に入ったので、単純に付け合せにするのは面白くないと考え、メインの肉と一緒に、付け合せもソースも一体化して盛り込んでみました。ソースは素材全体によくからむよう、バターを加えてとろみを出します。（谷本）

アスパラとポルチーニを炒めてソースを作ったら、完成直前にバターを溶かし込んで濃度をつける。

材料

1人分
骨つきラムラック…3本
アスパラガス（L）…2本
フンギトリフラーテ（83ページ参照）…40g
肉のブロード…80cc
バター…適量
タイム…2本
マルサラ酒…15cc
塩・黒胡椒…各適量
オリーブオイル…適量

作り方

1 仔羊肉は余分な脂、スジを取り除き、塩、胡椒をしてタイムと共にオリーブオイルで焼き上げる。
2 マルサラ酒をふってアルコール分を飛ばし、肉を休ませて皿の中央に置く。
3 別のフライパンにオリーブオイルを熱し、硬茹でして斜め切りにしたアスパラガスとフンギトリフラーテを入れて炒め、ブロードと**2**の焼き汁を加えて少し煮詰め、味をととのえる。
4 **3**にバターでとろみをつけて肉の周りにかける。

仔羊のロースト バイオレットマスタード風味 キャンティワインのソースで

フランス製の既製品もあるバイオレットマスタードを自家製にして、仔羊肉に合わせた一品です。マスタードの上には香草パン粉ものせ、オーブンで香り良く仕上げます。ソースには、キャンティワインをベースに、蜂蜜で甘みを足したものを流しました。(谷本)

材料

1人分
仔羊ロース肉(骨つき)…3本
バイオレットマスタード(125ページ参照)…20g
香草パン粉…15g
バジリコソース(122ページ参照)…8g
オリーブオイル…適量
キャンティワイン…25cc
スーゴ・ディ・カルネ…30cc
蜂蜜…少々
ブーロ・モンタート(151ページ参照)…適量
ザクロの実…1/5個
タイム…1本
茹で野菜…適量
塩・黒胡椒…各適量

作り方

1. 仔羊肉は、ロースの芯の部分のみを外して塩・胡椒し、オイルで焼き目をつけておく。
2. **1**の全体にバイオレットマスタードをぬる。その上に香草パン粉をぬる。
3. **1**で外した骨の部分は塩・胡椒・オイルを少々かけ、**2**と共に180℃のオーブンでミディアムに焼き、ホイルをかぶせて5分ほど温かいところで休ませる。
4. キャンティワインは鍋で1/3量に煮詰め、スーゴ・ディ・カルネ、塩・胡椒、蜂蜜で味をととのえ、ブーロ・モンタートでとろみをつける。
5. 皿に**4**のソースを流し、**3**をカットして盛る。ザクロを散らし、茹でた温野菜を添える。タイムを飾る。

SECONDO PIATTO▶メイン ●肉料理

肉料理

骨つき仔羊のグリル
ビンコットとグリーンマスタードのソース

ブドウ液で作るビンコット（北の地方では「サパ」と呼ばれる。124ページ参照）は、プーリアを代表する調味料。そして同地は羊料理でも有名な地域ですので、2つの食材を合わせてみました。ピリッと辛いペコリーノ・コン・ペペと一緒に食べます。（今井）

材料

骨つき仔羊の背肉…8本
グリーンマスタード
　（グリーンペッパー30g、ディジョン
　マスタード種無し90g）…小さじ1/2
ビンコット（124ページ参照）…60cc
ペコリーノ・コン・ペペ…20g
ルコラ…少々
E.X.V.オリーブオイル…適量
塩・胡椒…各適量

作り方

1　グリーンマスタードを作る。材料を合わせ、裏漉ししておく。
2　仔羊肉は、塩・胡椒をしてE.X.V.オリーブオイルをぬり、グリルする。
3　2を皿に盛り、ペコリーノをのせ、1とビンコットを合わせて肉にかけ、中央にチーズとルコラを盛り、周りにルコラを飾る。

ビンコットは、マスタードにグリーンペッパーを加えたグリーンマスタードを合わせて、焼いた肉にかける。

仔羊の腸の煮込み

SECONDO PIATTO ▶ メイン ● 肉料理

羊の腸を使ったサルディーニャの料理です。羊をよく食べるサルディーニャでは、新鮮な羊の腸を使った料理がたくさんあり、肉屋では掃除したものや塩漬けにしたものなど、様々な状態の羊腸が売られています。ここではソーセージ用の羊腸を煮込みにしました。(今井)

材料

4人分
- 仔羊の腸(ソーセージ用の羊腸)…1.5頭分
- レモン…1個
- にんにく(スライス)…1片分
- 玉ねぎ(スライス)…1/2個分
- グリンピース…200g
- トマトの水煮…300g
- 鶏のブロード…300cc
- オリーブオイル…適量
- 塩・胡椒…各適量
- 水…適量

作り方

1. 羊腸は、塩漬けのものは水に浸けて塩抜きをし、よく水洗いをして縦方向に切り開き、さらによく水洗いをしたら、三つ編みにする。
2. 鍋に1を入れ、ひたひたになるほどの水を注ぎ、レモンを半割りにして入れ、火にかける。ひと煮立ちさせたらザルにあけ、腸を冷水に浸けてさらによく洗い、水分をよくきっておく。
3. 別鍋にオリーブオイル、にんにくを入れて火にかける。にんにくがきつね色になってきたら玉ねぎを入れる。
4. 玉ねぎがしんなりしてきたら、2を入れて軽く炒め、グリンピース、トマトの水煮、ブロードを加え、腸が柔らかくなるまで煮込む。
5. 塩・胡椒で味をととのえ、皿に盛る。

羊腸は、通常は手に入れることができないので、ソーセージ用の腸を使った。三つ編みにして下茹でする。

肉料理

若鶏モモ肉のパナダ詰め オーブン焼き

ヴェネトの伝統的な料理です。鶏に詰めたパナダとは、グラナパダーノ、ブロード、パン粉、イタリアンパセリを合わせたもののこと。昔はそれに加えて牛の脳味噌や骨髄も入れてコクを出していましたが、BSE問題以降、入れなくなったようです。(今井)

材料

4人分
- 鶏モモ肉…4本
- グラナパダーノ(すりおろし)…50g
- 鶏のブロード…250cc
- パン粉…80g
- イタリアンパセリ(みじん切り)…少々
- 塩・胡椒…適量
- 小麦粉…適量
- ひまわりオイル…適量
- 紅赤りんご(拍子木切り)…適量
- レモン汁…少々
- ローズマリー…適量

作り方

1. 鶏肉は、中の骨を足先の部分だけを残して関節から切り離し、袋状にして胡椒をする。
2. ボールにグラナパダーノ、ブロード、パン粉、イタリアンパセリを入れて合わせ、1の中に詰め込み、タコ糸で結ぶ。
3. フライパンにひまわりオイルを熱し、2を小麦粉をつけて入れ、焼き色をつけたら、180℃のオーブンで中まで火を通す。
4. 皿に3を盛り、りんごにレモン汁を軽くかけ、塩・胡椒したものを添える。ローズマリーを飾る。

ヴェネツィア風 ホロホロ鳥のロースト

ホロホロ鳥は、古代エジプト人が食べていたといわれるほど、古くから食用にされていました。この料理の特色は、ザクロ風味のソースにあります。レバーにザクロとクルミを加えたこのソースは濃厚なソースに仕上り、ルネッサンス時代の流行だった甘酢味(アグロ・ドルチェ)が楽しめます。(谷本)

材料

2人分
- ホロホロ鳥(モモ肉)…2本
- 玉ねぎ(ざく切り)…100g
- 人参(ざく切り)…80g
- セロリ(ざく切り)…40g
- ローズマリー…1本
- にんにく…1片
- ザクロの実…10g
- 白ワイン…100cc
- スーゴ・ディ・カルネ…30cc
- オクラ…6本
- ホロホロ鳥(白レバー)…60g
- クルミ(粗く砕いたもの)…10g
- 蜂蜜…適量
- ズッキーニ…1本
- E.X.V.オリーブオイル…適量
- 塩・胡椒…各適量
- ローズマリー…適量

作り方

1. モモ肉は塩・胡椒をし、玉ねぎ、人参、セロリをしいてローズマリー、つぶしたにんにくを加えた天板にのせ、オリーブオイルをふりかけ、180℃のオーブンでローストする。
2. ザクロは、ほぐして実を少し残し、残りはガーゼなどで包んで汁を絞る。
3. 1を焼いている間に、2の汁をスプーン2杯を2〜3回に分けてモモ肉にかける。
4. 3のモモ肉が焼けたら取り出して保温しておき、天板の肉汁と野菜に白ワイン100ccを注ぎ、半量に煮詰め、スーゴ・ディ・カルネを加えて煮込み、鍋に漉し入れる。
5. 白レバーは、塩・胡椒をしてクルミと共にオイルでソテーし、白ワイン(分量外)を注ぎ、アルコール分を飛ばす。白レバーの半量はみじん切りにして4のソースに入れる。
6. ズッキーニは縦半分にして塩茹でし、種を出す。オクラはオイルで炒め、塩・胡椒をして保温しておく。
7. 4の鳥はスネとモモを切り分け、モモの部分は骨を取ってスライスし、残りの白レバー、6の野菜と共に皿に盛る。
8. 5のソースに残りのザクロの汁を加え、蜂蜜、塩、胡椒で味をととのえ、7にかける。ザクロの実を散らす。ローズマリーを飾る。

SECONDO PIATTO▶メイン ●肉料理

肉料理

鴨ムネ肉のイチジク詰め グレコ・ディ・トゥーフォとグリーンアスパラのソース

アルトゥージ協会会長のセルジオ・フェラリーニ氏が、かつて日本でフェアを催したときに作った料理です。カンパニア州の白ワイン、グレコ・ディ・トゥーフォのフルーティーなワインを使い、相性のよいイチジクで鴨の血の臭いを消すソースを作ります。（今井）

材料

4人分
鴨ムネ肉…2枚
ドライイチジク…6個
グレコ・ディ・トゥーフォ…360cc
スーゴ・ディ・カルネ…60cc
グリーンアスパラ（茹でて色止めしたもの）…6本
バター…20g
塩・胡椒…各適量
E.X.V.オリーブオイル…適量
カステルフランコ…適量

作り方

1. ドライイチジクは、グレコ・ディ・トゥーフォに一晩漬けて戻しておく。
2. 鴨肉は、袋状になるように肉の厚みのあるところから庖丁を入れる。
3. 1はよく水けをきり、2の肉に詰め、楊枝で留めて塩・胡椒をする。
4. フライパンにオイルを熱し、3を入れて両面によく焼き色をつける。
5. 余分な油を捨て、3のイチジクの風味のついたグレコ・ディ・トゥーフォ、スーゴ・ディ・カルネ、グリーンアスパラを加え、火を通す。
6. 肉は取り出して保温しておき、ソースを煮詰め、塩・胡椒で味をととのえ、バターを加えて混ぜる。
7. 肉をカットしてカステルフランコをしいた皿に盛り、ソースをかけ、フライパンのアスパラガスも飾る。

鴨と栗のロースト 蜂蜜と赤唐辛子のソース

これも145ページと同様に、15～16世紀に作られた歴史のある料理です。砂糖がない時代のソースとして蜂蜜を使い、甘くてピリッと辛いソースを作ります。日本のものよりやや甘いイタリア産の栗を、焼き目をつけて焼いた鴨肉にのせ、オーブンで火を通します。（谷本）

材料

1人分
鴨ムネ肉（S）…1枚
オリーブオイル…適量
E.X.V.オリーブオイル…少々
蜂蜜…10g
赤唐辛子…適量
スーゴ・ディ・カルネ…15cc
タイム…3本
バルサミコ酢…少々
塩・胡椒…各適量
茹で栗（粗切り）…20g
卵黄…1個
粒マスタード…13g

作り方

1 衣を作る。栗をボールに入れ、卵黄、粒マスタードを合わせておく。
2 鴨の皮は取り除き、塩、胡椒をして多めのオリーブオイルを入れたフライパンにのせて火にかける。スプーンを使って油をかけながら、焼き色をつけて耐熱皿に取る。
3 2の作業と並行して、小鍋にE.X.V.オリーブオイル少々と蜂蜜、赤唐辛子を入れて軽く温め、辛みを抽出したら、スーゴ・ディ・カルネとタイムを加え、弱火にかけて全ての味を抽出し、塩、バルサミコ酢少々を加え、漉す。
4 1を2の鴨の上にのせて200℃のオーブンでミディアムの状態に焼き上げ、アルミホイルに包んで少し蒸らす。
5 4は適当な大きさに切り分けて皿に盛り、3をかける。つけ合わせの野菜（分量外）を盛る。

肉料理

鹿のロースト ヴェネツィア風

グリンピースとポレンタの付け合せを添え、ヴェネツィア風に仕上げた鹿肉のローストです。ポレンタは熱いうちにドライトマトを挟んで固めてあります。肉には、ズッキーニとカルチョーフィのスフォルマート、焼いたカルチョーフィを添えました。(谷本)

材料

2人分
鹿ロース肉…250g
塩・胡椒…各適量
ピゼリーニ…70g
カルチョーフィの水煮(スライス)…30g
オリーブオイル…適量
肉のブロード…80cc
スーゴ・ディ・カルネ…70cc
ズッキーニとカルチョーフィの
　スフォルマート(右記参照)…2個
ポレンタとドライトマト(右記参照)…2個
カルチョーフィの水煮(ホール)…1個

作り方

1. 鹿肉は塩、胡椒をして多めのオリーブオイルでローストし、肉全体に焼き目をつけたら、弱火にして油をかけながらミディアムくらいに焼きあげ、アルミホイルで包んで温かい所で休ませておく。
2. 鍋にピゼリーニ、カルチョーフィのスライスをオリーブオイルで炒めて、ブロードを加えて少し煮込んで味をととのえる。
3. 温めた皿の中央に、用意しておいたスフォルマートを置き、2のソースを流し、1の鹿肉をスライスして周りに並べる。
4. スーゴ・ディ・カルネに、鹿のフォンがあれば合わせて濃度をつけ、肉にかける。温めたカルチョーフィのホール、ポレンタを添える。

【ズッキーニとカルチョーフィのスフォルマートの作り方】
ズッキーニは5mmくらいの拍子木切りにし、塩をしてもみ込み、5分ほど置いて布を使って水けを絞り、カルチョーフィ、溶き卵少々と小麦粉、パルミジャーノ適量を合わせてバターをぬったカップに入れて焼き上げる。

【ポレンタとドライトマトの作り方】
沸騰した湯に塩を加えて溶かし、ポレンタ粉を入れて粘りが出るまでよく混ぜる。ポレンタが熱いうちに半量を容器に流し、ドライトマトをサンドにして、上から残りを流す。固めてから切る。

仔鹿の煮込み ポレンタ添え

ポレンタを柔らかいままのフレスコにして皿にのせ、仔鹿肉とソースをからめて食べる、ボリューム感のある料理です。付け合せのポレンタは、焼いたビアンコでは日本人にはあまり人気がないのですが、柔らかい状態のフレスコなら、美味しく食べられます。（今井）

材料

4人分
- 仔鹿モモ肉…320g
- 玉ねぎ（小角切り）…160g
- 人参（小角切り）…60g
- セロリ（小角切り）…60g
- にんにく…2片
- 赤ワイン…360cc
- トマト（水煮裏漉し）…90cc
- 塩・胡椒…各適量
- ひまわりオイル…適量
- バター…20g
- ポレンタ粉…40g
- パルミジャーノ（すりおろし）…10g
- 水…250cc
- トマト（くし切り）…適量
- 干しブドウ…適量

作り方

1. 鹿モモ肉はスジを取り、5cmほどの角切りにして塩・胡椒をする。
2. 鍋を用意し、**1**と玉ねぎ、人参、セロリ、にんにく、赤ワインを加えて一晩漬け込む。
3. 翌日、ワインを別容器に移してよく水けをきり、鍋を火にかけ、ひまわりオイルを入れて野菜と肉をソテーする。
4. 肉の色が変わってきたら、**3**で別にしたワインを戻し、トマトの裏漉しを加えてよく煮込む。
5. 肉は柔らかくなったら取り出す。残ったソースはジューサーに入れて回し、鍋に戻して無塩バターを混ぜ込み、塩・胡椒で味をととのえておく。
6. つけ合わせのポレンタを作る。鍋にポレンタ粉、無塩バター、パルミジャーノ、水を入れて弱火にかけ、ダマにならないように7～8分練り上げていく。
7. 皿にポレンタを盛り、**5**の肉をのせ、肉の上に**5**のソースをかける。干しブドウをのせ、トマトを飾る。

ワインに漬け込んでおいた肉と野菜を炒め、その中に漬け込みに使ったワインを注いでよく煮込む。

ポレンタは、バター、チーズと水を加え、弱火にかけて7～8分練り上げ、フレスコに仕上げる。

肉料理

野うさぎのフォンティーナチーズとの煮込み

アルプスのふもとのアオスタは、重い料理が多いことでも知られています。ここで食べたのが野うさぎを使った料理でした。野うさぎは、アオスタ特産が美味しいことで知られるじゃが芋と合わせ、臭みを消すためのフォンティーナで煮込みました。（今井）

材料

4人分
- うさぎ…1羽
- じゃが芋（皮つきのまま蒸したもの）…大2個
- 薄力粉（肉用）…適量
- ひまわりオイル…適量
- 白ワイン…200cc
- フォンティーナ…150g
- 牛乳…適量
- バター…30g
- 薄力粉（ソース用）…30g
- 塩・胡椒…各適量
- イタリアンパセリ（みじん切り）…適量

作り方

1. フォンティーナは、薄切りにして、ひたひたの牛乳に3〜4時間漬け込んでおく。
2. うさぎは肉を骨から外し、角切りにする。じゃが芋は皮をむいて角切りにしておく。
3. **2**の肉は塩・胡椒をし、薄力粉をつけてひまわりオイルを熱したフライパンで焼き色をつけ、余分な油を捨てて白ワインを注ぐ。
4. 鍋にバターと薄力粉を入れ、弱火にかけて混ぜながら、粉臭さを取る。
5. **1**のチーズは水けをきって**4**の鍋に入れ、その上に**3**を汁ごと入れて煮込む。
6. 肉に火が入ってきたら、**2**のじゃが芋を入れてさらに煮込み、塩・胡椒で味をととのえる。イタリアンパセリを飾る。

食材のテクニック（OLIOの活用法）

イタリア料理の技法では、オリーブオイルをはじめとした油脂の使い方で、味の個性を演出します。またイタリアといえばオリーブオイルを使うもの、という間違った理解がありますので、それについても解説しましょう。

オリーブオイルに、風味をつける

オリーブオイルは、イタリアでは「重要な調味料の一つ」と認識されています。産地や品種によって味に違いがありますので、料理に応じたオリーブオイルの使い分けは必要です。また、ハーブやスパイスを漬け込んでおくと風味に個性が出せ、他店との差をつけられます。写真は、右よりトリュフオイル、タラゴン風味のオリーブオイル、ローズマリー風味のオリーブオイル、2つ飛ばして木の実の風味のオリーブオイル、セージ風味のオリーブオイル、にんにく風味のオリーブオイル、E.X.V.オリーブオイル…など。（谷本）

辛いオイルを自家製にする

イタリアには「タバスコ」はありません。ピッツェリアで行われているように、自家製の辛いオイルを作っておくと喜ばれます。オイルに唐辛子を入れ、弱火で焦がさないよう辛みを抽出します。（谷本）

オリーブオイルを、そのままソースに

オリーブオイルは、そのままソースにも使えます。塩を加えてバーミキサーで回すだけでも美味しい味が出てきて、グリルした鴨肉などにかけると、風味豊かな味になります。（今井）

ブーロ・モンタートの作り方

ブーロ・モンタートは、主にパスタのソースにとろみをつけたり、乳化させたたり、ほんの少しとろみをつけたいときに使います。加熱すればすぐに溶け、バターで作るブールマニエに比べてソースが重くなりません。肉や魚のソースにも利用できます。（谷本）

材料

ひまわりオイル…100cc　　無塩バター…200g
小麦粉…200g　　お湯…600cc

作り方

1. 鍋にひまわりオイルを入れ、小麦粉を加えて中火にかけ、よく混ぜ合わせてルー（ジラソーレ・マニエ）を作っておく。
2. フライパンにお湯、バター、塩一つまみを入れ、火にかけ、沸騰したら、1のルー80gを加え、だまができないように混ぜる。
3. 滑らかなモンタートに仕上がったら、火からおろして調理に使用する。

魚料理

日本と同様に海岸線が長く、魚介の料理も多いイタリア。使う素材も日本で獲れるものとよく似たものがたくさんありますので、馴染みの魚介を使った料理を紹介しながら、メニュー開発のヒントになる味づくりの技法を紹介しましょう。

黒鯛の海塩焼き

魚介の塩釜は、イタリアでは日本料理とは異なる技法があります。和食では魚のウロコはひきますが、イタリアではウロコはひきません。ウロコによって塩味の急激な浸透を防ぎ、まろやかに仕上げるのが目的です。食べるときはウロコと皮を一緒にはがします。(今井)

材料

4人分
- 黒鯛…1尾(650g)
- タイム…2枚
- ローズマリー…2枝
- サーレ・グロッソ(粗塩)…適量
- バルサミコ酢…適量
- レモン風味のオリーブオイル…適量

作り方

1. 黒鯛は内臓とエラを取り除いて水洗いし、水けを拭き取って、腹にタイムとローズマリーを詰める。
2. 耐熱皿に粗塩をしき、1をのせ、全体を包む程度に粗塩をかけ、180℃のオーブンで焼き上げる。
3. 塩を払い、ウロコと皮を取り除き、身を取り分ける。バルサミコ酢とレモン風味のオリーブオイルを添える。

SECONDO PIATTO ▶ メイン ● 魚料理

白身魚とカラスミのサンティンボッカ

肉のサルティンボッカの魚版です。イタリアでは、主材料を肉から魚、魚から肉と入れ替えて新メニューを作ることをよくします。こうした発想を、メイン料理開発のヒントに役立てて下さい。通常は生ハムを使うところを、ラルドに代えて透明感を出しました。（谷本）

材料

1人分
- 白身魚…35g×2枚
- 小麦粉…適量
- ボッタルガ（スライス）…6枚
- ラルド（少し厚めのスライス）…4枚
- スプマンテ…70cc
- エシャロット（みじん切り）…5g
- 魚のブロード…70cc
- バター（ソース用）…6g
- ズッキーニ…40g
- 赤ピーマン…15g
- 人参…20g
- E.X.V.オリーブオイル…適量
- バター（付け合わせ用）…適量
- 塩・胡椒…各適量
- マーシュ…適量
- ラディッシュ…1個

作り方

1. 白身魚は皮を取り除き、ラップにはさんで肉たたきで薄くのばし、ラップを外して小麦粉をつける。
2. **1**は魚の片面にボッタルガ各3枚ずつをのせ、ラルドを被せて再びラップをし、たたいてラルドと魚を密着させる。
3. ズッキーニは適当な厚さに切って下茹でする。ピーマン、人参はE.X.V.オリーブオイルと同量のバターで炒めて塩・胡椒をし、ズッキーニと共に皿に盛る。
4. フライパンに少し多めのオイルを入れ、**2**をラルドの側から入れて両面を焼き、スプマンテを注いでアルコール分を飛ばし、**3**の野菜の上に置く。
5. **4**のフライパンに残ったソースに、エシャロット、ブロードを加えて少し煮立て、味をととのえ、バターを加えてとろみを出し、茶漉し等で漉しながら**4**の魚の上にかける。濃度がないときは、ブーロ・モンタート（151ページ参照）少々を加える。
6. ボッタルガ（分量外）をすりおろしてかけ、マーシュ、ラディッシュを飾る。

魚料理

真鯛のホタテ貝のバッポーレ、スプーマパタテ添え トリュフ風味

淡白な風味の魚介を集めて蒸し焼きにし、じゃが芋とトリュフを合わせたふんわりとしたソースで味わいます。魚介はベルモットでフランベして臭みを取ります。ベルモットを白ワインにするときは、エシャロットのみじん切りを入れるといいでしょう。(今井)

材料

4人分
真鯛フィレ…80g×4
ホテテ貝…4個
じゃが芋(メークイン)…160g
ベルモット…90cc
魚のブロード…90cc
黒トリュフ…8g
トリュフオイル…少々
塩・胡椒…各適量
フェンネルの葉…適量
ビーツ(スライス)…適量
人参(小角切り)…適量
ズッキーニ(小角切り)…適量

作り方

1. 真鯛は小骨を取り除いておく。ホタテ貝は殻を外し、貝柱、ヒモと内臓には塩・胡椒をしておく。
2. じゃが芋は皮つきのまま蒸し、皮を除いて裏漉しにしておく。
3. 鍋に1とベルモット、ブロードを入れ、蓋をして蒸し焼きにする。途中でトリュフを棒状に切って加える。
4. 3は煮汁を漉して2と合わせ、塩・胡椒で味をととのえ、漉して残ったトリュフを合わせる。
5. 皿に4をしき、4の真鯛とホタテを盛り、トリュフオイルをかける。フェンネル、ビーツ、人参、ズッキーニを散らす。

魚介類は、ベルモットとブロードで蒸し焼きにし、途中でトリュフを加える。

舌平目のワイン蒸しとイワシのオーブン焼き

舌平目はワイン蒸し、イワシはオーブン焼き。一皿に盛り合わせる食材に2種類の違う調理法を施すのも、イタリアでは珍しくない技法です。さらに、野菜類もたっぷり目に盛り合わせます。
肉は少なく野菜は多くというのも、近年のイタリアの傾向です。（谷本）

材料

2人分
- 舌平目…1/2枚
- イワシ…2尾
- アンチョビ（ペースト）…適量
- じゃが芋（1cm厚さ）…4枚
- 牛乳…適量
- 姫人参…1本
- アンディーブ…1本
- オレガノ…適量
- E.X.V.オリーブオイル…適量
- 完熟トマト…2個
- 白ワイン…適量
- 塩・胡椒…各適量
- ミディトマト…4個
- バジリコペースト…適量
- シブレット…2本
- バジリコの葉…適量
- ラディシュ…適量

作り方

1. 付け合わせを作る。じゃが芋は塩を入れた牛乳で柔らかく煮ておく。姫人参は塩茹でにして保温しておく。アンディーブは軽く塩茹でにしてオレガノ、E.X.V.オリーブオイルをかけてオーブンで焼いておく。完熟トマトは湯むきをして粗めの裏漉しにして塩・胡椒・オイルで味をととのえておく。ミディトマトは四つ切りにしてバジリコペーストで軽く和えておく。
2. イワシは開いて身にアンチョビをぬり、楊枝で止めてオーブンで焼く。
3. 舌平目は塩・胡椒をし、オイルをしいたフライパンで焼き、ワインをふって蒸し焼きにする。
4. 温めた皿に1のじゃが芋を置き、2と3を盛りつけ、1の残りの野菜を添える。バジリコペーストを添える。

魚料理

アイナメの香草焼き ムール貝とミル貝のソース

魚に香草をのせてソテーする料理です。そこにアサリ汁をベースに、ムール貝、ミル貝と3種類の貝のだしを合わせたソースをかけたオリジナルです。複雑な味のソースに、皿にちらしたバジリコの芽を混ぜ合わせることで、香草の香りをさらに強く感じさせます。(谷本)

材料

1人分
アイナメ(フィレ)…120g
パセリ(みじん切り)…少々
ローズマリー(みじん切り)
　…少々
タイム(みじん切り)…少々
ムール貝…70g
ミル貝…35g
バター…5g
白ワイン…適量
アサリ汁…70cc
生クリーム…適量
トマト(小さなコンカッセ)
　…30g
バジルの芽…適量
E.X.V.オリーブオイル
　…適量
塩・胡椒…各適量

作り方

1. アイナメは塩・胡椒し、パセリ、ローズマリー、タイムを両面につけてE.X.V.オリーブオイルでカリッと焼く。
2. 貝類は、バターとE.X.V.オリーブオイルで炒め、塩・胡椒をしワイン少量をふる。
3. さらにアサリ汁を加え、身を一度取り出して保温しておく。残りの汁に生クリームとトマトを加え、軽くとろみをつけ、温めておいた身をもどす。
4. 皿に魚を置き、周りに**3**のソースをまわしかけ、バジルの芽をちらし、E.X.V.オリーブオイルをまわしかける。

リーパリ風 カジキマグロの鉄板焼き ゴマ風味

カジキマグロの漁場にちなみ、シチリア・リーパリ諸島の名がつく料理です。
筒状のカジキの身を使えば、転がしながら表面にごまをつけて焼き、後で切ると一度に大量仕込みができます。
調理は簡単でも、ひと手間をかけたと思わせられる料理です。（谷本）

材料

1人前
カジキマグロ…130g
卵白…1個分
白ごま…適量
バジリコの葉…5枚
パセリ…1枝
グリーンオリーブ
　（みじん切り）…5g
ケッパー
　（みじん切り）…3g
白ワイン…適量
トマト（コンカッセ）
　…28g
オリーブオイル…適量
塩・胡椒…各適量
レモン風味のリゾット
　（下記参照）…適量
レモン（スライス）
　…適量
イタリアンパセリ
　…適量

作り方

1. ソースを作る。バジリコの葉、パセリ、グリーンオリーブ、ケッパーをオリーブオイルでソテーし、白ワインをふりかけ、トマトを加えておく。
2. 卵白をよく泡立て、カジキマグロの側面にぬり、白ごまをつけて厚手のフライパンでごまの部分を焼く。
3. 2をカットし、全体に塩・胡椒をし、鉄板で表面と裏面を焼き上げる。
4. 皿に盛り、軽く温めた1と、レモン風味のリゾットを添える。レモンとイタリアンパセリを飾る。

【レモン風味のリゾット】
玉ねぎ適量をバターで炒め、カルナローリ米25gを入れ、野菜のブロードで炊き込み、レモン汁、塩・胡椒で仕上げる。半炊きリゾット（105ページ参照）にすると便利。

魚料理

マスのソテー、グラッパ風味のザバイオーネ添え

ヴェネトで食べて印象に残った一品です。マスは比較的パサつきやすい魚ですので、北が発祥のザバイオーネをソースにすることで、身をしっとりとした状態で食べさせます。川魚特有の臭みを除くため、このザバイオーネにはグラッパを加えます。（今井）

材料

4人分
マス
　（3枚におろしたもの）
　　…4尾分
小麦粉…適量
ひまわりオイル…適量
卵黄…2個分
生クリーム…30cc
レモン汁…30cc
グラッパ…15cc
エストラゴン
　（みじん切り）…少々
ドライオレガノ…少々
塩・胡椒…各適量
白ねぎ…適量
カルチョーフィ…適量

作り方

1 マスは塩・胡椒をし、小麦粉をつけ、ひまわりオイルでソテーし、保温しておく。
2 ボールに卵黄、生クリーム、レモン汁を入れ、湯煎をしながら泡立て、グラッパ、エストラゴン、ドライオレガノを加え、塩・胡椒で味をととのえる。
3 皿に**1**を盛り、グリルした白ねぎ、カルチョーフィの素揚げを添え、**2**をかける。

サバのフィノッキオ詰めソテー
赤ワインと真っ赤なオレンジのソース

日本でもお馴染のサバは、イタリアでもよく似た魚がいて食卓に上ります。
青魚独特のクセは、イタリアではフィノッキオで取ります。この料理はナポリの近郊で見て、その色に驚きました。
赤ワインとタロッコオレンジを注いで煮詰めて仕上げた色です。(今井)

SECONDO PIATTO▶メイン ●魚料理

材料

4人分
- サバ…2尾
- フィノッキオの根…80g
- 小麦粉…適量
- ひまわりオイル…適量
- 赤ワイン…180cc
- タロッコオレンジジュース…180cc
- マーマレード(オレンジ)…小さじ1
- 無塩バター…100g
- 塩・胡椒…適量
- タロッコオレンジ(スライス)…適量

作り方

1. サバは三枚におろして小骨を取り、身の側に庖丁を入れて袋状にし、刻んだフィノッキオの根を詰め、塩・胡椒をする。
2. 1に小麦粉をつけ、ひまわりオイルを熱したフライパンで焼き色をつけ、余分な油を捨てて赤ワイン、タロッコオレンジジュースを入れて煮込む。
3. サバに火が入ったら、マーマレードとバターを加えて混ぜ合わせ、塩・胡椒で味をととのえる。
4. 皿にサバを盛り、周りにタロッコオレンジを輪切りにして飾る。

魚料理

ウナギのグリル サパのソース

ウナギは、エミリア・ロマーニャの著名な湖沼地、コマッキオが産地として有名です。開くのが大変なウナギは、地元では壁から吊るし、動かなくなってから身を開いていました。この料理はシンプルにグリルし、サパの風味で味わいます。（今井）

材料

8人分
ウナギ（内臓を取って開いたもの）…4尾
白ワインビネガー…60cc
E.X.V.オリーブオイル（ソース用）…60cc
タイム…2枝
ドライパン粉…適量
サパ…適量
E.X.V.オリーブオイル（仕上げ用）…少々
塩・胡椒…各適量
好みの野菜サラダ…適量

作り方

1. ウナギは、皮目の方に熱湯をかけ、庖丁の背でぬめりをしごき取っておく。
2. ビネガー、オイル、タイムを合わせる。
3. **1**の身の方に塩・胡椒をして**2**をぬり、パン粉をまぶし、グリルする。
4. 切り分けて皿に盛り、サパとオイルをふる。好みの野菜サラダを添える。

焼きアナゴとアスパラガスのセミフレッド

イタリアではアナゴもよく獲れます。ここでは夏メニューとして、セミフレッドを添えました。セミフレッドも仕込んでおける上、アナゴは蒸してバットに広げ、冷凍しておけば、注文が入ってからもすぐに出せるので、忙しい店には重宝な一品です。(谷本)

材料

1人分
アナゴ(開いたもの)…200g
E.X.V.オリーブオイル…適量
完熟トマト(コンカッセ)…60g
バジリコの葉(みじん切り)…2枚
にんにく(すりおろし)…少々
アスパラの穂先(塩茹で)…適量
アスパラガスのセミフレッド(下記参照)…1個
塩・胡椒…各適量

作り方

1 アナゴは軽く塩をして10分蒸して冷ます。E.X.V.オリーブオイルをぬり、強火で網焼きにする。
2 トマトににんにくとバジリコを加え、塩・胡椒とオイルを加える。
3 皿に2をしき、1をのせる。アスパラのセミフレッドとアスパラの穂先を飾る。

【アスパラのセミフレッド】
塩茹でしたアスパラをフードプロセッサーで回し、野菜のブロード少々と塩・胡椒、水で戻した板ゼラチンを加えて合わせ、プリン型に入れて冷蔵庫で冷やす。

魚料理

タラとじゃが芋のスフォルマート ドライトマトのフリット添え パプリカとルコラのソース

アオスタのリストランテで習ったメニューです。ここではフィレのタラを使いますが、昔はアオスタ周辺には新鮮な魚が入らなかったので、バッカラを使っていました。レシピに載せたのは、フルコースでメインが肉・魚と2品続くときの分量と思ってください。(谷本)

材料

1人分

- タラ(フィレ肉)…130g
- じゃが芋(5mm厚さの輪切り)…1個
- 人参(粗く刻んだもの)…60g
- 玉ねぎ(粗く刻んだもの)…60g
- セロリ(粗く刻んだもの)…60g
- 白ワイン…100cc
- セミドライトマト…30g
- ビネガー…少々
- にんにく…1片
- パプリカパウダー…適量
- ルコラ…適量
- E.X.V.オリーブオイル…適量
- 塩・胡椒…各適量
- オリーブの実…3個
- ミントの葉…適量

作り方

1. ソースの準備をする。ルコラはE.X.V.オリーブオイル50cc、塩、胡椒と共にミルミキサーに入れ、ペースト状にする。
2. セミドライトマトは、にんにくで香りをつけた少量のオイルで熱しカリッとさせ、軽く塩をふっておく。
3. オイルに、塩、胡椒と多めのパプリカパウダーを加えて溶かし、塩・胡椒少々で味をととのえソースとする。
4. 鍋に人参、玉ねぎ、セロリと水を入れ、沸騰させ、塩適量と白ワインとビネガーを入れて魚を茹で、じゃが芋も入れて茹でる。
5. 4は温かいうちにほぐし、皿にセルクルを置いて、魚、じゃが芋の順に入れて一番上に魚がくるように重ねる。
6. セルクルを外し、3を温め直して上からかけ、その上に2をのせ、周りに1をちらす。オリーブの実とミントの葉を飾る。

プーリア風ズッパ・ディ・ペッシェ

他の地域のズッパ・ディ・ペッシェは、野菜が入らないのが一般的。
ただしプーリアの料理は、鮮度のいい魚介と野菜を一緒に煮込んでしまいます。
パネ・プリエーゼをのせ、その上にかけて供します。フィノッキオが入るのも、南の料理らしさです。（今井）

材料

4人分
アサリ…16個
ムール貝…8個
有頭手長エビ…4尾
イイダコ…4杯
ヤリイカ…2杯
白身魚…1本
　（300〜500g）
E.X.V.オリーブオイル
　…適量
にんにく…2片
赤唐辛子…1本
赤玉ねぎ…80g
赤ピーマン（縦割り）
　…1/2個
フィノッキオの根
　（スライス）…50g
ズッキーニ（輪切り）
　…1/2本
白ワイン…180cc
トマト（水煮）…180cc
バジリコの葉…8枚
塩…適量
パネ・プリエーゼ…4枚
イタリアンパセリ…適量

作り方

1. アサリとムール貝はよく洗って殻の汚れを取っておく。有頭エビ・イイダコ・ヤリイカは胴の軟骨を外し、内臓と目、くちばしを切り取っておく。
2. 鍋にE.X.V.オリーブオイルとつぶしたにんにくを入れて弱火にかけ、きつね色になるまで炒めたら赤唐辛子を入れて軽く炒める。
3. にんにくと赤唐辛子を取り出し、赤玉ねぎを加えてよく炒める。
4. しんなりしたら、赤ピーマン、フィノッキオ、ズッキーニを入れて炒める。
5. 1を入れてさらに炒めたら、ワインを入れてアルコール分を飛ばし、トマトを加える。材料に火が通ったら取り出し、保温しておく。
6. 内臓、エラを除きブツ切りにした白身魚を入れ、火が通ったら、5を戻す。
7. 手でちぎったバジリコの葉を入れ、塩で味をととのえる。
8. 皿にパネ・プリエーゼをのせ、7を上からかけ、E.X.V.オリーブオイルをふる。イタリアンパセリを飾る。

魚料理

地中海風 魚介類の軽い煮込み

アドリア海に面した町のホテルのリストランテで出していたメニューです。
ズッパ・ディ・ペッシェに代表される魚介の煮込みは、鍋でぐつぐつ煮込むところを、
この料理は見た目も考え、魚介とスープは別々に過熱して最後に軽く煮込みます。（谷本）

材料

- カサゴ…1/2尾（約60g）
- スズキ（切り身）…50g
- ホタテ貝柱…1個
- ヤリイカ…1杯
- ムール貝…2個
- アサリ…5個
- フェンネル…10g
- セロリ…20g
- にんにく（みじん切り）…5g
- エストラゴン…適量
- ローズマリー…適量
- 白ワイン…適量
- トマトソース…60cc
- 魚のブロード…60cc
- バター…適量
- オリーブの実…2個
- ミニトマト…1個
- 小麦粉…適量
- E.X.V.オリーブオイル…適量
- 塩・胡椒…各適量

作り方

1. カサゴ、スズキ、ホタテ貝柱は塩・胡椒をし、小麦粉をつける。ヤリイカは内臓を取る。フェンネル、セロリは1cm幅に切ってE.X.V.オリーブオイルで炒めておく。
2. オイルで、にんにく、エストラゴン、ローズマリーを軽く炒め、貝類を加える。
3. 貝の口が少し開いてきたら白ワインを注ぎ、アルコール分を飛ばし、貝を取り出して、トマトソース、ブロードを加える。
4. フライパンにオイルと同量のバターを入れ、**1**の魚介をパリッと焼き、**1**のフェンネルとセロリを入れ、オリーブ、ミニトマトを加えて加熱したら、**3**に加えて軽く煮込む。

魚介類の盛り合わせファンタジー

アドリア海沿いの町の店で習った料理です。色々な魚介を少しずつ使い、盛りつけはその時の思いつき（ファンタジー）で、という趣向です。凝ったソースはかけず、魚介にさっと火を通して新鮮さを楽しませるのは、海岸沿いの店ならではの技法です。（谷本）

材料

1人分
- 手長海老の身…1尾分
- ほうれん草（葉の部分）…2枚
- ホタテ貝（新鮮なもの）…1個
- メバル…30g
- バター…5g
- エシャロット（スライス）…1/4個分
- トマト（粗めに裏漉したもの）…65g
- E.X.V.オリーブオイル…10cc
- 魚のブロード…30cc
- フィノッキオの根（生または冷凍）…1/4個
- 牛乳…適量
- ブールマニエ…適量
- 塩・胡椒…各適量
- 白ワイン…20cc
- エストラゴン…適量

作り方

1. フィノッキオの根は四つ切りにし、一度下茹でしてから、牛乳に塩を加えて柔らかくなるまで煮込み、取り出す。
2. 鍋に残った牛乳に、ブールマニエでとろみをつけ、**1**のフィノッキオを戻して再び煮込み、塩・胡椒で味をととのえて保温しておく。
3. トマトは、E.X.V.オリーブオイルと塩・胡椒で味をととのえ、鍋に入れて軽く温めておく。
4. 手長エビの身は、塩・胡椒をし、茹でたほうれん草の葉で包む。ホタテは殻から外してヒモを取り除き、柱と内臓に分け、塩・胡椒をする。メバルも同様に塩・胡椒をする。
5. 鍋にオイル、バターを溶かし、エシャロットを軽く炒め、**4**の魚を並べる。ホタテの内臓は後で入れる。
6. ブロードを入れ、蓋をして軽く蒸し上げる。途中でホタテの内臓を入れ、半生の状態にする。
7. 皿の中央に**2**のフィノッキオ、**6**の魚類と煮汁少々をかける。**3**のソースを添える。エストラゴンを散らす。

魚料理

魚介類のクリーム煮 タルト

ホタテの貝殻で型をとって焼いたパイ生地の器が楽しい、器も食べられるオリジナルメニューです。
魚介の調理では、私はブランデーをふってフランベすることが多いのですが、ここではピエモンテで習った、
ベルモットのチンザノを使って風味をつけました。(谷本)

材料

1人分
パイ生地
　（小麦粉100g、
　バター50g、水25g、
　塩少々、
　オリーブオイル少々）
ホタテ貝柱…2個
スカンピエビまたは
　小エビ…25g
ムール貝…3個
小イカ…1個
サーモン…1切れ
タコ（柔らかく
　塩茹でしたもの）
　…20g
塩・胡椒…各適量
小麦粉…少々
バター…適量
オリーブオイル…適量
チンザノ・ドライ…15cc
エシャロット…少々
生クリーム…40cc
ほうれん草…25g
イタリアンパセリ…適量

作り方

1. パイ生地を作る。材料を全て練り合わせ、ラップに包み、冷蔵庫で休ませる。
2. ホタテ貝の殻は綺麗に洗い、殻に1の生地1/2量をのせてもう片方の殻を押しつけながら被せ、2組を作り、重石をして180℃のオーブンで約20分焼く。
3. 上の片貝を外し、焼き色がついていなければ上の貝を外してオーブンで焼き色をつける。焼けたら冷ましておく。
4. 魚介類は塩・胡椒をし、小麦粉を軽くつけ、同量のバターとオリーブオイルで軽くソテーし、チンザノをふりかけてアルコール分を飛ばす。
5. 生クリームを加え、少し煮込んでとろみをつける。塩茹でしたほうれん草を加え、ソースにからませて200℃のオーブンで1分ほど温める。
6. 3のパイ生地を器に、5を皿に盛る。イタリアンパセリを飾る。

伊勢エビのボイル ボッタルガ添え

伊勢エビは、イタリアでも獲れる高級食材。伊勢エビを使うのはサルディーニャ島の代表料理です。エビを塩分濃度3%のお湯で茹でることがポイントで、こうすると絶妙の塩加減でエビの甘みが引き立ちます。アクセントにボッタルガを添えます。(今井)

材料

4人分
- 伊勢エビ…1本
- 白ワイン…90ml
- にんにく(みじん切り)…1片分
- タカノツメ…少々
- E.X.V.オリーブオイル…適量
- パッサータ・ルスティカ…90ml
- 蜂蜜…少々
- サラダミックス(蕪、セロリ、芽ねぎなど)…少々
- ボッタルガ…20g
- 塩・胡椒…各適量

作り方

1. 鍋に熱湯、白ワインと水分の3%の塩を入れ、沸騰させておく。
2. 伊勢エビは殻つきのまま、背に沿って金串を刺し、**1**の鍋に入れる。火が通ったら引き上げ、そのまま冷ましておく。
3. 別鍋ににんにく、タカノツメを入れ、E.X.V.オリーブオイルを加えて火にかけ、にんにくがきつね色になるまで弱火で炒め、冷ます。
4. **2**のエビが冷めたら殻と足をはずし、身の部分を取り出し、厚めの輪切りにする。
5. パッサータ・ルスティカと蜂蜜を合わせて皿にしき、その上に**4**のエビを盛る。**3**をかける。
6. サラダミックスに塩をして**5**のエビの上にかけ、ボッタルガを削ってふりかける。

魚料理

手長エビのラルド巻き パンのクロスタ

エビにラルドを巻き、パン粉をつけてオーブンで焼く料理で、ラルドから出た塩けのある油が
エビの甘みを引き立てます。パン粉はハーブ類と合わせて香ばしく煎ったもの。
アサリを煮出しただしをオイルで乳化させて作る、シンプルなソースで味わいます。（今井）

材料

4人分
手長エビ…8尾
パンチェッタ
　（またはラルドのスライス）
　…8枚
ドライパン粉（細かいもの）
　…60g
ローズマリー（みじん切り）
　…1枚
マジョラム（みじん切り）
　…4枚
ガーリックパウダー…少々
パセリ（みじん切り）…少々
塩・胡椒…各適量
貝汁（下記参照）…60cc
E.X.V.オリーブオイル
　…60cc
パセリ（飾り用）…適量
レモン…適量

作り方

1. 手長エビは頭を取り、殻をぐるむきにする。頭は塩茹でにし、身は背ワタを取り、パンチェッタを巻いておく。
2. パン粉、ローズマリー、マジョラム、ガーリックパウダー、パセリと塩・胡椒を合わせ、フライパンで弱火で煎る。軽いきつね色になってきたら、バットに広げて冷ましておく。
3. 別のバットに1の身をのせ、180℃のオーブンに入れて焼き上げ、2をまぶす。
4. ソースを作る。貝汁を温め、E.X.V.オリーブオイルを注いでバーミックスで乳化させる。
5. 4のソースを皿にしき、3をのせ、パセリとレモン、1の手長エビの頭を飾る。分量外のラディッキオとフィノッキオの葉を添える。

【貝汁】
にんにく1片をつぶして鍋に入れ、オリーブオイルを注いで火にかける。にんにくがきつね色になってきたら取り出し、よく洗ったアサリ200gを入れ、白ワイン90ccを注ぎ入れ、蓋をして蒸し煮にする。アサリの口が開いたら、漉して鍋に戻し、軽く煮詰めて完成。塩分に注意すること。

SECONDO PIATTO▶メイン ●魚料理

熊エビのラルド巻き ローズマリー風味 ヴェルデソース

ミラノで教わった料理です。エビにラルドを巻いて焼くこの料理は、ラルドを巻くところまで仕込みしておけば、後はオーブンに入れるだけなので、大人数のパーティーにも便利な料理です。熊エビは大型のエビで、足が赤いため赤足エビともいいます。（谷本）

材料

熊エビ…2本
ラルド…適量
ローズマリー…適量
E.X.V.オリーブオイル…少々
完熟トマト（スライス）…適量
レモン…適量
サルサヴェルディ（イタリアンパセリ5g、
　ケッパー5g、アンチョビ5g、
　E.X.V.オリーブオイル適量）
ローズマリー…適量

作り方

1　サルサヴェルディを作る。全ての材料をミルミキサーにかけておいておく。
2　エビは頭と尾を残して皮をむき、背に庖丁を入れて背ワタを取り、そこにローズマリーをのせ、広げたラルドで包み込みながら巻く。
3　E.X.V.オリーブオイル少々をかけ、180℃のオーブンで焼く。
4　皿にトマトをしき、3を盛る。1とレモンを添え、ローズマリーをちらす。オイル少々をふる。

食材のテクニック

香り出しに使った にんにく

パスタの調理やメインの調理で、
オイルににんにくの香りを
移した後、色づいて香りの出たにんにくは鍋から
外してしまいます。このにんにくは他の料理に
使えないので捨ててしまうことが多いのですが、
まだ使い道があります。私は、このにんにくを
集めて油に浸けておき、その油を調理に使っています。
加熱によって、にんにくにちょうどいい香ばしさと
風味がありますので、そのエキスを油に移してやるのです。
この油を調理の仕上げにかければ、
食欲を誘う香ばしい風味を添えることができます。
なお、焦げたにんにくは使えませんので、
注意してください。（今井）

生ハムの皮・固い部分

生ハムを丸ごと使う店では、皮の部分や足先の固い部分、
あるいはお客に出せる形にならない部分や乾燥して
固くなってしまった部分が、どうしても出てきます。
谷本シェフは、これらをゼリーで寄せてソーセージ風に
再活用していますが（15ページ参照）、
私は豆の仕込みのときに加えるようにしています。
これはイタリアで教わった手法で、
豆をよく食べるトスカーナ地方では、戻した豆を煮る際に、
生ハムの皮などを一緒に入れて煮込みます。
こうすることで、適度な塩けがプラスされる上に、
生ハム特有の肉の熟成香と味で豆のうま味が
一段と引き立ちます。（今井）

ロスを減らしながら、味を高めるテクニックです。日常の調理で無意識のうちに捨ててしまっている食材も、工夫一つで店の味を今以上に高められる格好の食材となります。元々捨てていた食材ですので、材料費はゼロ。原価率を抑えながら味を高める手法を紹介しましょう。

残ったパセリ

飾りつけなどで昔からよく使われてきたパセリも、店ではよく余らせる食材の一つです。
元々、それほど高価なものではないということもあり、しおれてしまったものは捨ててしまうことが
多かったのですが、それらを乾燥させて保存すれば、格段に長持ちさせることが可能で、無駄にもなりません。
余ったパセリは、そのまま低温のオーブンに入れ、乾燥させるように加熱すると、パリパリの状態になります。
それを網などにいれて上から手で漉すようにして押しつけると、粉状になります。
粉状にしたものを、料理にふりかけたりして使います。(谷本)

残ったワイン

余ってしまったワインも、活用方法を考えたいものです。例えば仔羊のモモ肉を柔らかくし、
保存するときに使えます。仔羊のモモは骨を抜いて塩、胡椒で味をつけ、大きなビニールなどに入れ、
たっぷりの赤ワイン、ローリエ、にんにく、ローズマリー、オリーブオイル、サルビア、
黒粒胡椒を入れてできるだけ空気を抜き、紐でしばって冷蔵庫で保管します。
5日以上(1週間～10日)マリネをすると、硬い肉も柔らかくなります。
ハーブ・スパイス類が入りますので、いろいろなワインが混ざってしまってもかまいません。
この技法はルネサンス時代に使われていて、涼しい所で長期保存していたようです。
ワインは肉を熟成させ、柔らかくする効果があります。にんにくは殺菌効果があります。
ローリエ、ローズマリー、サルビア、胡椒は嫌な臭いを取り、防腐作用もあります。
オリーブオイルは空気を遮断し酸化を防ぎます。浸け込んだ肉をワインから取り出し、
オーブンでローストすれば、柔らかい赤ワイン風味の仔羊のローストができます。
その他、19～20ページのようにブレザオラでも使えます。(谷本)

PANE

パンは、イタリアでは1200年代には食べられていたといわれています。
歴史があるだけに、北から南まで各地域、各都市には、
地元の特性を反映した様々なパンが見られます。
店の個性や料理性、技術の高さを
強調できる自家製のパンを取り入れていきましょう

歴史が古く多彩なパン

▶▶▶▶ まだ知られていないパン

日本にイタリア料理が広まった現代では、レストランに加えて現地旅行やネットを通じて、いろいろなイタリア料理に触れる機会が増えています。ところがパンに関していえば、今だにフランスパンかドイツパンが中心で、町のベーカリーでもイタリアのパンはあまり紹介されていないのが実情です。つまり日本では、イタリアのパンに触れる機会は、イタリア料理店ということになります。レストランでのパンの位置づけは料理の"脇役"ゆえに、ほとんどの店が食事パンはベーカリーから購入したものですが、そうした定番のパンの中に、自店の手作りのイタリアパン1品があるだけで、店に対する関心は違ってきます。まだ見たことのない、知らないパンにまつわるエピソードが紹介でき、店の印象を高めるのに役立てることができます。

▶▶▶▶ 小麦もイタリア製に

イタリアの北から南まで、各地で実に多彩なパンが食べられています。これらイタリアのパンの特徴として、食事パンが多い上に、工程も比較的シンプルなものがたくさんあることが挙げられます。このためリストランテだけでなく、気軽なスタイルのイタリア料理店でも、導入しやすいパンと言えます。そして素材面でも有利性が出てきました。近年のピッツェリアの人気から、イタリア製小麦もいろいろなメーカーのものが入ってきています。つまりパンにおいても、本場と変わらぬ味わいのものを作ることが可能になっています。「手作り」に加え、「イタリア直輸入素材」もアピールすることができるようになっているのです。アイドルタイムや仕込みの時間などを活かして、イタリアパンを導入されてはいかがでしょうか。

パーネ・フェッラレーゼ

エミリア・ロマーニャの都市フェラーラの名物パンです。ヒトデがヒントという「X」のユニークな形が特徴です。日持ちもします。(谷本)

材料

7個分
ティッポ00粉…250g
強力粉…250g
ドライイースト…10g
ぬるま湯…225cc
フェンネル(みじん切り)…少々
塩…10g
E.X.V.オリーブオイル…55cc

作り方

1 ボールで、小麦粉、塩、フェンネルを合わせておく。
2 イーストをぬるま湯に溶かして1に加え、よく練り合わせたら、ぬれ布巾を被せて一次発酵させる。
3 発酵させた生地はガス抜きをし、40gのボールを14個、25gのボールを7個作る。
4 40gの生地は小指位の太さにし、麺棒で長さ40cmくらいにのばして両サイドから巻き込む。
5 4の生地は二本を軽く合わせ、25gの生地を帯として上から軽く巻き込む。
6 天板にのせ、布巾を被せて二次発酵させたら、220℃のオーブンで焼き上げる。

●歴史が古く多彩なパン

PANE

グリッシーニ

ナポレオンが「トリノの小さな棒」と呼んだ、日本でもよく知られている、ピエモンテのパンです。
生ハムなどを巻いて、前菜の食材としても用います。(今井)

材料

約50本分
薄力粉…300g
塩…6g
砂糖…6g
ドライイースト…4g
E.X.V.オリーブオイル…30cc
水…150cc

作り方

1. ボールに小麦粉、塩、砂糖とドライイーストを入れてよく混ぜ合わせ、オイルと水を注ぎ入れる。
2. 材料をよく練り、手につかないようになってきたらラップをかけ、26〜27℃で30分くらい発酵させる。
3. 発酵した生地は、取り出して10gに分割し、両手で棒状にのばす。
4. オーブンシートをしいた天板にのせ、160℃のオーブンで約5分くらい焼く。

ピアディーナ

1200年代には食べられていた、ロマーニャ地方のパン。オーブンを使わず鉄板などで焼くので、屋台でも売られています。前菜にも用います。(谷本)

材料

10枚分
- ティッポ00粉(または強力粉と薄力粉を同割りにしたもの)…500g
- 塩…10g
- ベーキングパウダー…5g
- ぬるま湯…200cc
- E.X.V.オリーブオイル…100cc

作り方

1. ボールで、小麦粉、塩、ベーキングパウダーを合わせておく。
2. 1に、ぬるま湯、オリーブオイルを加え、しっかりと練り込む。
3. 生地が一つにまとまったら、布巾を被せて冷蔵庫で30分ほど休ませる。
4. 休ませた生地は、10等分にして丸め、パスタマシンまたは麺棒で直径25cmほどの円形にのばす。
5. 鉄板またはフライパンに生地をのせ、オイルはしかずに両面を焼き上げる。

PANE

パーネ・パルミジャーノ

その名の通り、パルミジャーノを練り込んだ食事パンです。焼きたてよりも、焼いて1日置いたものの方が、味が馴染んで美味しくなります。(谷本)

材料

ティッポ00粉(または強力粉と薄力粉を同割りにしたもの)…500g
塩…7.5g
パルミジャーノ(すりおろし)…90g
ドライイースト…13g
ぬるま湯…250cc
卵黄・水・打ち粉…各適量

作り方

1. ボールで、小麦粉、塩とパルミジャーノを混ぜ合わせておく。
2. イーストは、ぬるま湯で溶かし、1に注ぎ入れ、よく練り込む。
3. 練った生地は、ぬれ布巾を被せて温かい所で20〜30分くらい置き、一次発酵させる。
4. 一次発行が終わったら、生地をパンチして軽くガス抜きをし、160cmの長さくらいの綱状にのばし、編みこむ。
5. 粉を軽くふった天板に生地を置き、ぬれ布巾を被せ、温かい所で二次発酵させる。
6. 発酵した生地は、表面に卵黄を水溶きしたものをハケでぬり、パルミジャーノ(分量外)をまんべんなくふりかけ、200℃のオーブンで20〜25分くらい焼き上げる。

チャバッタ

その形から、「わらじ」という意味の名がつけられたパンです。
ロンバルディアが発祥と言われ、イタリア中部から上の地域で食べられています。(今井)

材料

4本分
強力粉…160g
薄力粉…160g
塩…10g
生イースト…6g
水…175cc
中種（下記参照）…350g

作り方

1. ボールに生イーストを入れ、水を加えてよく溶かしておく。
2. 別ボールに強力粉、薄力粉と塩を合わせ、中種と**1**を入れ、生地にコシが出るまでよくこねてグルテンを出す。
3. こねた生地は、丸めて別ボールに移し、ラップをして室温で1時間発酵させる。
4. 生地が二倍の大きさに膨らんだら、パンチをしてガスを抜き、左右から生地を1/3ずつ折る。さらに奥から手前にも三つ折りにしてボールに戻し、ラップをして22〜24℃のところで1時間〜1時間30分置き、二次発酵させる。
5. **4**は台にあけ、手の平で四角形にのばし、左右から三つ折りにして生地を裏返し、四等分に切る。切り口を上にして、室温で50分、三次発酵させる。
6. **5**は、手の平で軽く押さえて平らにし、天板にのせ230℃のオーブンで25分間焼く。

【中種の作り方】
生イースト8gに水180ccを加えてよく溶かし、別ボールで強力粉90gと薄力粉90gを合わせた中に注ぎ、滑らかになるまでよく混ぜ合わせる。ラップをし、室温で15〜18時間置いて発酵させる。

PANE

パーネ・トスカーナ

見た目も味もシンプル。
トスカーナ料理は全体に塩けが強いことから、
バランスを取るためか、
伝統的なパネ・トスカーナには塩が入りません。(今井)

材料

3本分
強力粉…250g
薄力粉…250g
蜂蜜…20g
水…300cc
中種(下記参照)…85g

作り方

1. 強力粉と薄力粉を軽く混ぜ合わせ、蜂蜜と水を加えて軽く混ぜ合わせる。
2. 中種を加え、手のつけ根を使って15〜20分よくこねる。
3. ラップをかけ、生地の大きさが二倍になるまで、26〜27℃で約1時間、一次発酵させる。
4. 3は三等分し、棒状に成形して天板にのせ、霧吹きで軽く水を吹きかけ、ビニール袋に入れて26〜27℃で約30〜40分、二倍の大きさになるまで二次発酵させる。
5. 4はビニール袋から出し、茶漉しなどを使って強力粉(分量外)を軽くふり、180℃のオーブンで約20〜30分焼く。

【中種の作り方】
生イースト25gに水30ccを注ぎ、よく混ぜてイーストを溶かしたら、別ボールの薄力粉30gに注ぎ、よく混ぜ合わせる。ラップをし、26℃くらいのところで12時間発酵させる。

くるみパン

素朴な田舎のパンで、くるみだけでなく裏漉ししたじゃが芋も入るのが特徴です。またこのパンは、油脂としてオリーブオイルではなく、ラードを用います。(今井)

材料

6本分
強力粉…800g
ドライイースト…5g
塩…17g
グラニュー糖…16g
ラード…24g
レモン汁…8cc
水…480cc
じゃが芋(茹でて裏漉ししたもの)…160g
くるみ(煎って皮をむき砕いたもの)…200g

作り方

1 ボールに、強力粉、イースト、塩、グラニュー糖とラードを入れ、軽く混ぜ合わせたら、レモン汁と水を加え、手のつけ根の部分を使って5～6分よくこねる。
2 こねた生地に、裏漉ししたじゃが芋を加えてよく練り、くるみを加え、手のつけ根の部分を使って15～20分間、生地が紫色っぽくなるまでよくこねる。
3 こねた生地は、丸めて別ボールに移し、ラップをして、26～27℃で生地が二倍の大きさになるまで一次発酵させる。
4 発酵した生地は、パンチをしてガスを抜き、六等分して棒状に成型する。天板にのせ、ビニール袋に入れて、26～27℃で約40分～1時間置き、二倍の大きさになるまで二次発酵させる。
5 4は、それぞれの3ヵ所にクープを入れ、160℃のオーブンで約30分ほど焼く。

PANE

スキャッチャータ

トスカーナでよく見られるパンです。仕上げに指で生地を押すことからついた、「押す」という名がつけられています。色々な具材を混ぜ込んで作ったりもします。(今井)

材料

1個分
強力粉…1kg
塩…20g
グラニュー糖…20g
ドライイースト…16g
水…600cc
生ハム(細切り)…80g
セミドライトマト(粗みじん切り)…100g
ドライオレガノ…小さじ2杯
E.X.V.オリーブオイル…適量

作り方

1. 強力粉、塩、グラニュー糖とドライイーストは、ボールで軽く混ぜ、水を加えて手のつけ根の部分を使って10〜15分よくこね、生ハムとセミドライトマト、オレガノを加えてさらにこねる。
2. 全体に均一に混ざったら、ボールに入れ、生地の表面にE.X.V.オリーブオイルを薄くぬり、ラップをして、26〜27℃で生地が二倍の大きさになるまで一次発酵させる。
3. 発酵した生地は、取り出して、麺棒で2cmほどの厚さにのばし、天板にのせ、ビニール袋に入れて二倍くらいの大きさになるまで二次発酵させる。
4. 発酵した生地は、指で上面全体にくぼみをつけ、生地全体にE.X.V.オリーブオイルをかけ、180℃のオーブンで約25分焼く。

パーネ・プリエーゼ

プーリアを代表するパンで、ひとかかえもある大型のパンです。
これ1個を買って家族で食べ続けるため三次発酵まで行い、大きいだけでなく非常に重いのが特徴です。(今井)

材料

1個分
ティッポ00…1.5kg
塩…24g
ビール酵母…15g
水…900g
中種（下記参照）…225g

作り方

1. ボールにビール酵母と水を入れ、よく混ぜて溶かす。
2. 別のボールに小麦粉と塩を入れて軽く混ぜ、**1**を加えて混ぜ合わせる。
3. 生地が一つにまとまってきたら中種を加え、手のつけ根の部分を使って20分くらいよくこねる。
4. **3**をボールに入れ、ラップをして26～27℃で約1時間、一次発酵をさせる。
5. 発酵した生地は、パンチをして軽くガス抜きをし、打ち粉をした皿にのせ、麻布などをかぶせて、26～27℃のところで約1時間、二次発酵させる。
6. ザルに麻布などをしき、打ち粉をしてその中に**5**を入れ、26～27℃のところで約1時間三次発酵させる。ガス抜きせず、表面はつなぎ合わせる。
7. 発酵した生地に天板をのせ、ひっくり返してザルと麻布を外し、253℃のオーブンで約50分焼く。

【中種の作り方】
ボールにビール酵母10gと水250ccを入れ、よく混ぜて溶かしたら、別のボールの小麦粉500gに入れ、手のつけ根の部分を使って15～20分よくこねる。こねた生地はボールに入れ、ラップをして26～27℃のところに置き、22時間発酵させると完成。

PANE

パーネ・カラサウ

サルディーニャの無発酵パンです。紙のように薄いことから、「カルタ・ディ・ムジカ」と呼ぶ地区もあります。パンとしてもパスタとしても用いられます。(今井)

材料

約10枚分
セモリナ粉…200g
塩…2g
水…約100cc
セモリナ粉…適量

作り方

1. ボールに粉と塩を入れて軽く混ぜ合わせ、水を注いで手のつけ根を使って15分くらいよくこねる。こねた生地はラップで包み、1時間ほど休ませる。
2. 生地は50gずつに分割して丸め、軽く丸くのばし、セモリナ粉をつけて2枚を重ね、そのまま薄くのばす。
3. 天板にオーブンシートをしいて**2**をのせ、180℃のオーブンで焼く。
4. 膨れてきたら、生地をはがして1枚ずつにし、パリパリになるまで、約1分ほど焼く。

【パスタ用のパーネ・カラサウ】
こねて休ませた生地は、パスタマシンか麺棒を使い、約1mm厚さに薄くのばし、縦15cm×横20cmに切り分ける。天板にオーブンシートをしき、生地をのせ、約160℃のオーブンで2分ほど、焼き色がつくまで焼き、裏返して1〜2分ほど、焼き色がつくまで焼く。

PANEのテクニック
（余った分の活用法）

パンに関しては、営業中は切らせない食材なので、自家製かどうかを問わず余るのが通常です。
歯が立たないほど硬くなってしまったパンは、捨ててしまう店が多いもの。
しかしイタリア料理には、身近かな食材のパンを一つも無駄にしない技法と知恵がたくさんあります。

挽き方を変えてパン粉にも種類を
硬くなってしまったパンの利用法としてよく行われているのが、パン粉にして他の料理に使うこと。これはイタリア料理だけに限らないと思います。その場合、パンの中だけを使って白いパン粉にする、表面の焼き色が付いた部分だけでにすると、香ばしさ・色で2種類のパン粉が作れます。さらに、粗挽き、中挽き、細挽きと挽き方を変えると、食感に違いも出せます。

食材をきれいに焼くときに用いる
グリル料理では、食材がグリル板に焼きついてはがれず、見栄えが悪くなってしまうことがあります。残ったパンを細かく挽いて食材につけてから焼くと、グリル板に食材がつかず、きれいに焼き上げられます。（谷本）

グリル料理に用いる
魚介類のパン粉焼きは、伝統的な料理です。残ったパンを挽いて香草とオイルを加えて混ぜ、ホタテ貝やムール貝などに詰めて焼き上げます。パンの焼ける香ばしさが魅力です。（谷本）

パスタ料理の仕上げに
カラーページでもいくつか紹介したように、イタリア料理には仕上げにパン粉をかける技法があります。硬くなったパンを粗めに砕いて香草などで香りづけし、パスタにふりかけると、食感の変化が楽しめます。（谷本）

PANEのテクニック

パンとトマトのスープ

硬くなったパンを活用したスープです。このスープは、古くからトスカーナ地方の家庭に伝わる有名なスープ。食べやすく消化もいいため、赤ちゃんの離乳時や、歯のない老人たちにも慕われている料理です。日本でいうと、冷やご飯で作るおじやといったところです。（谷本）

硬くなったパンは水でふやかして絞り、ブロードとトマトの水煮を煮立てたところに加えて作る。

材料

3人分
パン（硬くなったもの）…50g
玉ねぎ（みじん切り）…60g
肉のブロード…200cc
にんにく…1片
トマトの水煮（裏漉し）…400g
E.X.V.オリーブオイル…適量
ひまわりオイル…60cc
バジリコの葉（みじん切り）…3〜4枚分
塩・胡椒…各適量

作り方

1 パンは外側の焼き色の付いた部分を除き、水でふやかして軽く絞る。
2 鍋にひまわりオイルとつぶしたにんにくを入れて弱火にかけ、オイルににんにくの香りを移したら、にんにくを取り除く。
3 2に玉ねぎを入れて炒め、ブロードとトマトを入れて10分ほど煮込む。
4 1を粗みじんに切って3に入れ、ひと煮立ちさせる。塩・胡椒で味をととのえ、バジリコを加えて皿に盛り、バジリコの葉（分量外）を添える。E.X.V.オリーブオイルを回しかける。

パーネ・カラサウと仔羊のグラタン

残り物のパンで作る料理とは少し違いますが、伝統的なパンのパーネ・カラサウで作るグラタンを紹介しましょう。この料理のパネ・カラサウは、グラタン用として焼いたもの。
これからのロス活用料理のヒントにして下さい。(今井)

材料

4人分
パーネ・カラサウ(182ページ参照)…適量
にんにく(みじん切り)…2片分
玉ねぎ(みじん切り)…200g
人参(みじん切り)…50g
白ワイン…90cc
仔羊挽き肉…320g
トマトの水煮…300g
マジョラム…2枚
仔羊のブロード…適量
E.X.V.オリーブオイル…適量
塩・胡椒…各適量
卵…4個
ペコリーノ・サルディ(スライス)…40g
ペコリーノ・ロマーノ(すりおろし)…適量

作り方

1 パーネ・カラサウは、ブロードに浸して柔らかくしておく。
2 鍋にオイルとにんにくを入れて炒め、香りが出たら玉ねぎ、人参を入れてしんなりするまで炒める。
3 挽き肉を加え、さらに炒める。色が変わったらワインを注いでアルコール分を飛ばし、トマトを入れて煮込み、塩・胡椒で味をととのえ、マジョラムを加えてソースとする。
4 耐熱皿に**3**を入れ、ペコリーノ・サルディ、**1**の順で3～4層にしたら、卵をのせ、ペコリーノ・ロマーノをかけ、180℃のオーブンで焼く。

耐熱皿にソースとチーズをのせ、柔らかくしたパーネ・カラサウをのせる。これを3～4層に重ね、卵とチーズをのせてオーブンで焼き上げる。

DOLCE

食事を締めくくるドルチェの重要度は、ますます高まっています。
市販品で対応するだけでなく、やはり店で手作りした新しいドルチェも必要です。
イタリアで人気のドルチェを紹介しましょう。店のスタイルに合わせて大人数分を作ったり、
1人分ずつ作ったりとアレンジを加えて提供してください

各地に根付く多彩な味覚を充実させ、店の新しい魅力に

▶▶▶▶▶ドルチェ充実の重要性

1990年に登場し一世を風靡したティラミスが、イタリア料理のブームを一気に加速させたように、ドルチェは話題性が高く人を集めるパワーを秘めています。ドルチェは特に女性層にとっては関心が高いことから、魅力化は欠かせないものです。ドルチェを売り物にできるとランチ後の時間帯を稼ぐことも可能ですし、特に近年は男女ともにお酒を飲む人が少なくなっていますので、甘いもので店への関心を高めることがますます大事になってきています。イタリアでは料理と同様にドルチェも、各地に名物と言われる特徴のあるものがたくさん根付いており、さまざまに揃えることができます。リストランテだけでなく気軽なスタイルの店でも、今以上にドルチェには力を入れていきたいものです

▶▶▶▶▶食感・味覚のバリエーション

イタリア料理の店では、ティラミスに市販のジェラートを数種類、といった店も見られましたが、そうした品揃えでは、現代のお客は満足しなくなっています。ドルチェは、パンナコッタやババロアのように、舌にやさしい柔らかなもの、各種タルトのようにしっかりとした食感のもの、ジェラートなどのような冷たいものと多彩です。それらをバランスよく取り揃えることで、様々な嗜好に対応できます。特にタルトなどは、型崩れしにくく日持ちするものもありますので、持ち帰り用や贈答用の商品としても活用できます。お店の名物としても期待できますので、こうしたドルチェのバリエーションを季節に合わせて充実させることで、新たな魅力にすることができます。

パンペパート(パンパパート)

16世紀のフェラーラを支配した貴族・エステ家で受け継がれた、伝統的なお菓子です。当時は高価だったスパイスが入ります。今でもクリスマスのお菓子として知られています。(谷本)

材料

- アーモンド（ホール）…250g
- 小麦粉（ティッポ00）…500g
- グラニュー糖…350g
- ココア…100g
- マンダリンの皮（砂糖漬け）…60g
- レモン（砂糖漬け）…60g
- 丁子（パウダー）…適量
- シナモン（パウダー）…適量
- クローブ（パウダー）…適量
- ナツメグ（パウダー）…適量
- 塩…8g
- ぬるま湯…250cc
- チョコレート（刻んだもの）…100g

作り方

1. アーモンドはぬるま湯に漬けて皮をむき、ローストして軽く潰しておく。
2. ボールに、1とチョコレート以外の材料を入れてよく混ぜ合わせ、ぬるま湯を少しずつ加え、ひとまとめにして一晩寝かせる。
3. 鏡餅型に成形し、160℃のオーブンで約1時間焼いて、冷ます。
4. チョコレートを溶かし、3をコーティングする。

DOLCE▼ドルチェ ●各地に根付く多彩な味覚を充実させ、店の新しい魅力に

ドルチェ

フルーツ入り ズッパ イングレーゼ

スポンジ生地を使った、鮮やかな赤い色が特徴のお菓子です。正統派と言われるフェラーラのものは、赤い色がもっと色鮮やかで、写真とは異なり形がドーム状になります。(谷本)

材料

- スポンジ生地…1台
- メロンリキュール…50cc
- アルケルメス酒またはカンパリ…50cc
- バナナリキュール…50cc
- サンブーカ…35cc
- バナナリキュール…50cc
- イチゴ、バナナ、メロン、キウイ、ブルーベリーなど…適量
- ココアパウダー…適量
- 生クリーム…300cc
- カスタードクリーム（202ページ参照）…430g

作り方

1. カスタードクリームに生クリーム300ccを少しずつ加えながら、適度なクリームに仕上げておく。
2. スポンジ生地は横から三等分にスライスし、上の1枚目は粗めの裏漉しにして大きめのフライパンに入れる。
3. ココアパウダーをふり入れ、弱火で絶えずフライパンを動かしながらカリカリに煎りあげる。
4. **2**のスポンジの底の1枚を台に乗せ、各種のリキュール1/2量をそれぞれハケでスポンジにぬり、その上に1のクリームの1/3量をぬり、各フルーツの1/2量を全体にしき詰める。
5. **2**の残りのスポンジを重ね、残りのリキュールをぬり、クリームを全体にぬる。
6. **3**を**4**の周りに貼りつける、ケーキの上の縁1cmを残して残りのフルーツをのせる。
7. 生クリームとグラニュー糖少々（共に分量外）で七分立てにしたクリームを回りに絞り、アプリコットジャムと同量の水、粉寒天適量（共に分量外）を火にかけて溶かし、熱いうちにフルーツ全体にかける（ナパージュで代用可）。

果樹園風パンナコッタ ミント風味

フルーツを盛り合わせたパンナコッタです。いろいろなアレンジができるのが利点のお菓子で、05年にイタリア行ったとき、あるお店で抹茶を使った緑色のパンナコッタを作ったら、イタリアのお客に大好評でした。(谷本)

材料

2人分
- 牛乳…100cc
- 生クリーム(45%)…200cc
- グラニュー糖…45g
- ミントリキュール…35cc
- 板ゼラチン…8g
- パパイヤ(裏漉ししたもの)…適量
- イチゴのジャム…適量
- 季節のフルーツ…適量

作り方

1. ゼラチンは、水に浸けて戻しておく。
2. 鍋に牛乳、生クリーム、グラニュー糖とミントリキュールを入れ、火にかけて砂糖を溶かす。
3. 1を加えて溶かし、粗熱を取って型に流し入れ、冷蔵庫で冷し固める。
4. 大き目の皿の中央に開けて、裏漉ししたパパイヤ、あまり甘くない自家製のイチゴジャム、季節のフルーツなどを飾る。

ドルチェ

ロビオラのタルト

ピエモンテのフレッシュチーズ、ロビオラで作る焼き菓子です。本場、ロンバルディア・サロンノ産のアマレッティをバターと共に砕いてタルト型にしき詰め、ロビオラのアパレイユを流して焼きます。（今井）

材料

- アマレッティ・サロンノ…200g
- バター…100g
- 卵黄…30g
- グラニュー糖…100g
- レモン汁…1/2個分
- ロビオラ…100g
- 生クリーム…100cc
- 卵白…60g
- 薄力粉…10g
- カラメル…適量

作り方

1. アマレッティ・サロンノとバターは、フードプロセッサーで回し、タルト型にしきつめる。
2. ボールに卵黄、グラニュー糖とレモン汁を入れてよく混ぜ合わせ、ロビオラを裏漉しして加える。
3. 生クリームを六分立てにし、**2**に加えて丁寧に混ぜる。
4. 別ボールに卵白とグラニュー糖を入れ、メレンゲをしっかりと立てて**3**に入れ、丁寧に混ぜ合わせる。
5. **1**の型に**4**を流し入れ、170℃のオーブンで45～50分焼き上げる。
6. 好みの大きさにカットし、カラメルをかける。

モンテビアンコ

直訳すると「白い山」。その名の通り、粉糖をふって雪景色の冬山をイメージしたお菓子です。マロンペーストを使っており、フランスのモンブランの原型といわれています。(今井)

材料

- マロンペースト…450g
- グラニュー糖（マロンクリーム用）…120g
- 無塩バター（常温に置いたもの）…120g
- ダークラム…5cc
- 卵黄…4個分
- 卵白…4個分
- グラニュー糖（メレンゲ用）…125g
- 強力粉…65g
- 薄力粉…65g
- 生クリーム…200cc
- グラニュー糖（クリーム用）…40g
- マロングラッセ…適量
- ビターチョコ…適量
- 粉糖…適量

作り方

1. 卵白とグラニュー糖でメレンゲをしっかりと立て、卵黄を加えて丁寧に混ぜ合わせる。
2. 強力粉と薄力粉は、ふるって**1**に入れ、丁寧に混ぜ合わせる。
3. **2**の生地を直径5cmの円形に絞り、120℃のオーブンで15〜20分間乾燥焼きにする。
4. マロンクリームを作る。マロンペースト、グラニュー糖、バターとダークラムをボールに入れ、混ぜ合わせる。
5. **3**の生地の上にマロングラッセをのせ、生クリームとグラニュー糖で八分立てにしたクリームをマロンの周囲に絞り、山の形にする。
6. **5**の上から、**4**をなぞるように塗る。ビターチョコをちらし、粉糖をふる。

ドルチェ

タリオリーニのタルト

パスタのタリオリーニをのせて焼いた、ユニークなタルトです。カスタードクリームなどを流して焼いたら、冷まして、上からマラスキーノ酒かマンダリンリキュールをかけて仕上げます。(谷本)

材料

18cmタルト型
●タルト生地
薄力粉…300g
バター…125g
グラニュー糖…125g
卵…2個
ベーキングパウダー…1g

●タリオリーニ生地
薄力粉…200g
卵…2個
オリーブオイル…少々

カスタードクリーム
　（202ページ参照）
　…120g
アーモンド…130g
グラニュー糖…25g
バター…20g
マラスキーノ酒またはマンダリンリキュール…50cc
卵黄…適量
粉糖…適量

作り方

1. タルト生地の材料をすべて混ぜ合わせ、ラップで包んで寝かせる。
2. タルト型に小麦粉（分量外）を軽くふり、**1**の生地を2mm厚にのばして型にしき詰める。
3. 底全体にフォークで穴を開け、160℃の温めたオーブンで約20分間程焼いておく。
4. タリオリーニの材料でパスタを練る。1時間ほど寝かせ、打ち粉をしながら薄くのばし、表面を少し乾かしてタリオリーニに切り、風を当てて乾かす。
5. タルト型にカスタードクリームをしき詰める。
6. アーモンドは一度軽く茹でて皮をむき、ローストし、ミキサーにかけて粉にする（アーモンドスライスを使ってもよい）。
7. **6**とグラニュー糖を合わせて、**5**の上にのせ、バターを全体にちらす。
8. **7**の上に**4**のタリオリーニをのせ、卵黄に少量の水で溶きのばしたものをパスタにぬり、170℃のオーブンで焼く。冷めてからリキュールを全体にかけ、粉糖をふる。

栗のプリン

イタリア産カスターニャ種の栗の粉で作るプリンです。湯煎でじっくり焼き上げ、冷やして食べます。伝統的な製法で作られた栗の粉は、栗の自然な香りと甘みが心地好いのが特徴です。(今井)

材料

栗の粉…50g
グラニュー糖…75g
卵…2個
牛乳…500cc
茹で栗(または甘露煮)…適量
生クリーム…適量
スイートチョコ(小角切り)…適量

作り方

1. 牛乳は火にかけて人肌に温めておく。
2. ボールに卵とグラニュー糖を入れてよくすり混ぜ、栗の粉を入れて混ぜ合わせ、**1**を加えて混ぜ、裏漉しする。
3. グラニュー糖(分量外)に水を数滴入れ、強火にかけてカラメルを作り、プリン型に流し入れる。
4. **3**に**2**を流し、茹で栗を入れる。
5. バットにお湯を張り、**4**をのせ、160℃のオーブンで約45分くらい湯煎で焼く。火が入ったら取り出して粗熱を取り、冷蔵庫で冷やす。
6. 冷えた**5**はカップから取り出し、生クリームを八分立てにして絞り、スイートチョコを飾る。

ドルチェ

揚げドーナッツ ボンボリーニ

ヴェネチアのお祭りの屋台で食べた、
どこか懐かしい味わいの揚げ菓子です。
中にサルサイングレーゼとジャムが詰まっていて、
日本でいうと「揚げクリームパン」的な一品です。(今井)

材料

28個分
強力粉(中種用)…100g
牛乳(中種用)…100cc
ビール酵母…25g
強力粉(生地用)…500g
無塩バター…40g
牛乳(生地用)…100〜125cc
グラニュー糖(生地用)…140g
塩…5g
全卵…2個
ひまわりオイル…適量
グラニュー糖(仕上げ用)…適量
クレマパスティッチェラ
　(199ページ参照)…適量
好みのジャム…適量

作り方

1　中種を作る。強力粉、牛乳とビール酵母をボールに入れて混ぜ、ラップをして22〜23℃のところに置き、倍の大きさに膨らむまで発酵させる。

2　生地を作る。ボールに強力粉、バター、牛乳、グラニュー糖、塩、全卵と、発酵した1を加え、よくこねる。

3　2は常温(23℃くらい)で1時間発酵させる。

4　膨らんだ生地はガス抜きをして、1個40gに分割し、丸く成形する。

5　丸くした生地はさらに22〜23℃で1時間ほど発酵させ、軽くつぶして円盤状にし、160℃のひまわりオイルで揚げる。

6　表面がきつね色になったら油から取り出し、油をよくきってグラニュー糖をまぶす。

7　6の生地の中央に穴を開け、好みのジャムとクレマパスティッチェラを絞り込む。

スフォリアテッレ

ナポリを代表するお菓子です。私は地元・ナポリで百数十年続くお菓子屋さんで作り方を習いました。パイ生地を三角にのばし、ひだを何層にも見せる技術は、少し難易度が高くなります。奥の容器は中に詰めたクリームです。（谷本）

材料

12人分

●生地
- 小麦粉（ティッポ00）…1kg
- 塩…20g
- 水…350cc
- 蜂蜜…20cc

●クリーム
- セモリナ粉…125g
- 塩…5g
- ぬるま湯…75cc
- 蜂蜜…13g
- 卵…1個
- オレンジピール…25g
- 粉糖…125g
- リコッタ…125g
- シナモンオイル…少々

作り方

1. 生地を作る。生地の材料を練り込んで一つにまとめ、ラップを被せて2時間ほど寝かせる。かなり硬い生地になる。
2. パスタマシンを使い、薄い紙のように極薄の生地にのばす。
3. ラード（分量外）を表面全体にごく薄く塗り、約6cmくらいのしっかりとした筒状に巻く。ラップをして約3時間寝かせる。
4. クリームを作る。お湯に蜂蜜、塩を入れて沸騰させ、セモリナ粉をダマにならないように混ぜ合わせて練り込む。鍋底から生地がはがれるようになったら卵黄を加え、よく混ぜ合わせて容器に移して冷ます。
5. ミキサーで4のクリーム、リコッタ、粉砂糖、粗切りにしたオレンジピールを入れてよく混ぜ合わせ、シナモンオイルまたはエッセンス少量で香りをつける。
6. 3の生地を取り出し、2cm幅の厚さにカットし、両手の親指を中心に当てて包み込むようにしながら、三角形のすり鉢状にのばす。
7. クリームを詰めて軽く閉じ、200℃のオーブンで約20分くらい焼き上げる。冷めてからパウダーシュガー（分量外）をふりかける。

ドルチェ

デリッイア・アル・リモーネ

南の地域で人気のお菓子で、今ではイタリア全土で見られます。レモンの皮や絞り汁でレモンらしさを全面にきかせるのが特徴で、レモンリキュールのリモンチェッロも使います。(谷本)

材料

14人分
● ビスケット生地
　卵黄…4個
　卵白…6個
　小麦粉…110g
　グラニュー糖…70g

カスタードクリーム
　（202ページ参照）…490g
レモン…1個
リモンチェッロ…140cc
生クリーム…300cc
ピスタチオ…14個

作り方

1　ビスケットの生地を作る。ボールに卵黄とグラニュー糖50gを加え、白くもったりとするまでよく泡立てる。

2　別ボールに卵白、残りのグラニュー糖20gを加え、しっかりとしたメレンゲを作る。

3　1に2のメレンゲ1/2量を入れ、泡を潰さないように静かに混ぜ合わせたら、残りのメレンゲ1/3量を残しメレンゲと小麦粉をふるいながら交互に混ぜ合わせる。最後に残りのメレンゲを軽く混ぜ合わせる。

4　3を絞り口が1.5cmの絞り袋に入れ、クッキングシートをしいた天板に直径3cmの円錐形に28個絞る。

5　170℃に温めたオーブンで10分、160℃で10分、150℃で15分と、徐々に温度を下げながら水分が完全に飛ぶまでゆっくりと焼き上げる。3度目位まで温度を下げて焼き上げてからでないと、膨らんでいる生地がしぼんでしまうことがあるので、ドアを開けないように注意。

6　カスタードクリームは、冷めてからレモン汁を絞って加え、混ぜて絞り袋に入れる。レモンの皮はすりおろして別に取って置く。

7　焼き上がった5の生地は、2個を1組として底同士を合わせ、型をととのえる。下になる部分は、立つように底を少し平らに削り、内側はクリームが絞り込めるように上下にスプーンで窪みをつける。

8　7の生地に6のクリームを絞って合わせ、リモンチェッロをハケで表面に軽く塗る。

9　ターナーの先に1個ずつのせ、五分程度に泡立てた生クリームを上からかける。これを2度繰り返す。

10　トッピングに、6のすりおろしたレモンの皮、ピスタチオを飾る（クリームが固まりすぎたら牛乳で適度にのばす）。

ナポリ風パスティエラ ヴァニラソース添え

ナポリの焼き菓子で、元々は復活祭の時に食べるお菓子です。リコッタを使うのが特徴で、
ここではオレンジの風味をきかせて茹でたスペルト麦と共に、タルト生地に流して焼き上げました。（今井）

材料

24cm×2台分
パイ生地（下記参照）…500g
スペルト麦…500g
リコッタ…600g
グラニュー糖…300g
全卵…6個
牛乳…500cc
バニラビーンズ…1本
オレンジ・レモンの皮の砂糖漬け
　（小角切り）…100g
オレンジの皮…1/2個分
レモンの皮…1/2個分
シナモンスティック…1/2本
サルサイングレーゼ（下記参照）
　…適量

作り方

1. スペルト麦は一度水から茹でこぼし、軽く水洗いしてよく水けを拭き取り、牛乳、バニラビーンズ、シナモンスティック、オレンジの皮と半量のグラニュー糖を加えて弱火で煮詰め、水分をよく飛ばし、冷ましてバニラビーンズ、シナモンスティック、オレンジの皮を取り出しておく。
2. 全卵に残りのグラニュー糖を入れてすり混ぜ、リコッタとオレンジの皮とレモンの皮の砂糖漬け、冷ました1、すりおろしたレモンの皮を入れて混ぜる。
3. タルト型にパイ生地をしき、2を流し入れる。
4. 残りのパイ生地を帯状に切り、3にのせて160℃のオーブンで約45分焼き上げる。
5. 型から取り出して冷まし、カットして皿に盛る。サルサイングレーゼをかける。

【パイ生地】
細かく刻んだバター160g、塩少々と薄力粉200gを合わせ、切るように混ぜ合わせる。牛乳50ccを加え、折るように混ぜ合わせ、塊りになったら冷蔵庫で1時間寝かせてから使う。

【今井シェフのサルサイングレーゼ】
牛乳600ccにバニラビーンズ1本分を入れて火にかけ、沸騰させないように温める。別容器でボールに卵黄4個分とグラニュー糖100gを白っぽくなるまですり混ぜ、温めた牛乳を少しずつ入れながら混ぜる。漉して鍋に戻し、絶えずかき混ぜながら81℃まで温める。ボールに漉し入れ、氷水に当てて冷やす。

ドルチェ

レモンクリーム アマレット風味

マスカルポーネに、カプリ島のリモンチェッロを合わせた、爽やかなドルチェです。
つぶしたアマレッティを土台にして、その上にレモン風味のチーズクリームを絞ります。（今井）

材料

- アマレッティ…100g
- 無塩バター…100g
- マスカルポーネ…250g
- 生クリーム…200g
- レモンジャム…300g
- リモンチェッロ…30cc
- レモンの皮…少々
- ミント…少々

作り方

1 アマレッティとバターをボールに入れ、手でつぶしながらよく混ぜ合わせ、セルクルに詰めてならす。

2 ボールでマスカルポーネ、生クリーム、レモンジャムを混ぜ、リモンチェッロを入れ、生クリームを加えて、氷水を当てて泡立て器でとろみが出るまでよく泡立てる。

3 絞り袋に**2**を入れ、**1**に絞り入れ、冷蔵庫で1〜2時間冷してから抜いて皿に盛る。

4 レモンの皮は裏の白い部分を取り、細く刻んで乾燥させ、**3**にのせ、分量外のマイクロトマトとレモンスライスを添える。ミントを飾る。

なすとチョコレートのアマルフィ風

カンパニアの観光地アマルフィの、名物ドルチェです。誰もが、「なす」という野菜を使っていることに驚きを感じると思います。なすは油をよく吸うので、衣をしっかりとつけて揚げるようにします。(今井)

材料

8人分
なす…6本
塩…少々
強力粉…適量
卵…2個
揚げ油…適量
クレマパスティッチェラ(牛乳165cc、バニラビーンズ1本、卵黄2個分、グラニュー糖80g、薄力粉17g)
チョコレートクリーム(牛乳165cc、バター5g、ココアパウダー17g、薄力粉5g、ドライレーズン30g)
くるみ(ローストしたもの)…適量
ミントの葉…適量

作り方

1 クレマパスティッチェラを作る。牛乳にバニラビーンズを入れて火にかけ、温めておく。
2 卵黄とグラニュー糖はボールですり混ぜ、白っぽくなったら薄力粉を入れて混ぜ合わせる。
3 温まった1を2に注ぎながら混ぜ合わせる。牛乳がすべて入ったら漉して鍋に戻し、中火にかけてなめらかになるまでよくかき混ぜる。でき上がったクリームは、バットに流してラップをかけ、冷やしておく。
4 チョコレートクリームを作る。牛乳は鍋に入れて火にかけ、温めておく。
5 バターは常温に戻してココアパウダーと薄力粉を一度に入れ、よく混ぜ合わせたら、5を注ぎながら混ぜ合わせ、混ざったら、漉してから鍋に戻し、中火にかけてとろみがつくまで混ぜる。とろみが出たらすぐにボールにあけ、レーズンを加え、氷水にあてて混ぜながら冷やす。
6 なすを準備する。なすはヘタを落とし、皮をむいて5mm厚さにスライスし、軽く塩をする。
7 なすから水が浮いてきたらキッチンペーパーで拭き取り、強力粉、ほぐした卵の順で衣づけし、160℃に熱した揚げ油で揚げ、薄く色づいたら引き上げ、油をきって冷ましておく。
8 深さのある器に5のチョコレートクリームを1/3量流し、その上にくるみをちらし、7のなすの半量を敷き詰める。その上に3のクレマパスティッチェラをぬり、7の残りを並べ、5の1/3量を流す。クレマパスティッチェラをぬり、最後に5の残り1/3量を流す。くるみをちらし、ミントの葉を飾る。

ドルチェ

ババ

ナポリに行くと、レストランでもケーキ店でもよく見られる、人気のお菓子です。ワインのコルクのような形が特徴で、シロップに入れたラムの風味が強く香る大人のドルチェです。(今井)

材料

●生地
- 強力粉…420g
- グラニュー糖(生地用)…50g
- 無塩バター…134g
- 全卵…10個
- 塩…7g
- 生イースト…17g

●シロップ
- 水…1ℓ
- グラニュー糖(シロップ用)…150g
- レモンの皮…1/2個分
- オレンジの皮…1/2個分
- シナモンスティック…1本
- ストレーガ(ハーブ系リキュール)…60cc
- ダークラム…140cc
- 生クリーム…適量

作り方

1. ババの生地を作る。生イーストは、ぬるま湯(分量外)を適量加えて溶かしておく。
2. プリンカップは、内側にバター(分量外)をぬっておく。
3. 台に強力粉、グラニュー糖、バター、塩をあけて混ぜ、1と半量の全卵を溶いて入れ、混ぜ合わせて弾力のある生地にし、さらに残りの卵を溶いて少しずつ加えながら混ぜ合わせる。
4. 卵が全て入って生地ができたら、2の容器の六分目まで入れ、26℃のところに置いてカップの縁一杯に生地が膨らむまで、約30分発酵させる。
5. 4は、180℃のオーブンで15～20分、きつね色になるまで焼く。熱いうちにカップから取り出しておく。
6. シロップを作る。水、グラニュー糖、レモンとオレンジの皮、シナモンを鍋に入れ、火にかけ、沸騰したら火を止め、ダークラムとストレーガを入れる。
7. 5がまだ温かいうちに、6に入れてしっかりと浸す。
8. シロップをよくきって皿に盛り、八分立てにした生クリームを絞る。

プーリア地方の揚げ菓子 ペットレ

プーリアでクリスマスによく食べる、家庭の揚げ菓子です。
発酵生地を油で揚げ、ビンコットをかけて食べます。
シンプルに丸く揚げることが多いのですが、
ここでは少し変化をつけた形にしました。(今井)

材料

12人分
●生地
　ティッポ00粉…500g
　ビール発酵母…15g
　塩…14g
　E.X.V.オリーブオイル(生地用)…25cc
　水…250cc〜280cc

E.X.V.オリーブオイル(揚げ油)…適量
ビンコット…適量
粉糖…適量
ぶどう…適量
ミントの葉…適量

作り方

1. 生地の材料をボールに入れてよく混ぜ合わせ、ラップをかけて26〜27℃の場所に置き、約3時間30〜4時間置き、発酵させる。
2. 発酵したらラップを外してガス抜きをし、二次発酵させる。
3. 生地を取り出し、棒状にのばして160℃に熱したE.X.V.オリーブオイルで揚げる。
4. 生地がきつね色になったら取り出し、よく油をきる。
5. 皿に盛りつけ、ビンコットと粉糖をかける。ミントとぶどうを飾る。

ドルチェ

シチリア風カンノーリ

シチリアが発祥のお菓子で、日本でも時々見られます。生地を筒状に揚げ、その中に詰め物をします。詰め物としては、リコッタのクリームを加えるのが伝統的です。(谷本)

材料

A 薄力粉…170g
　ラード…15g
　グラニュー糖…15g
　ココア…小さじ2
　シナモン…小さじ2
　塩…小さじ2
B 白ワイン…40cc
　レモン汁…1/2個分
　マルサラ酒…20cc
　インスタントコーヒー…小さじ2

揚げ油(クルミオイルとサラダオイル同割り)…適量
サルサイングレーゼ(下記参照)…125g
リコッタ…125g
ミックスドライフルーツ(刻んだもの)…30g
マラスキーノチェリー…7個
粉糖…適量

作り方

1 Bの材料はよく混ぜ、コーヒーを完全に溶かしておく。
2 Aの材料は、ふるった小麦粉と残りの材料を合わせて全てボールで混ぜ合わせ、1を加えてよく練り込み、ポリ袋に入れて冷蔵庫で5〜6時間休ませる。
3 2は麺棒で厚さ2mmにのばし、直径10cmの丸型で抜く。
4 直径2.5cm、長さ10cmほどの棒を数本用意し、3の生地を巻きつける。合わせ目に軽く水をつけ、しっかりと閉じ合わせる。
5 150℃の油で揚げる。生地が膨らみ、棒が抜きやすくなるので、トング2本を使って棒を抜き取り、再び油に入れて生地の内側まで揚げ、油をきって冷ます。
6 サルサイングレーゼ、リコッタ、ドライフルーツを混ぜ合わせて丸口金をつけた絞り袋に詰め、冷めた5の両側から絞り、チェリーと粉糖で飾りをする。生地を軽く揚げたい場合はサラダオイルだけでもよい。

【谷本シェフのカスタードクリーム】
鍋に牛乳250ccを温めておく。別ボールに卵黄3個分、グラニュー糖50、小麦粉35ggを入れてよくすり混ぜたら、温めた牛乳を加えて溶かして鍋に戻し、火にかけて、クリームが鍋底からはがれるくらいまで煮む。好みでバニラビーンズやバニラエッセンス、リキュール類を加える。煮込んだらバットにあけ、ラップをぴったり密着させて冷ます。

ビアンコ・マンジャーレ

歴史のあるお菓子で、フランス菓子のブランマンジェの方が知られていますが、
イタリアではシチリア地方のお菓子です。ババロアなどと同系統で、中にフルーツが入ります。(谷本)

材料

デミタスカップ6個分
牛乳…300cc
グラニュー糖…50g
オレンジピール…13g
アーモンドエッセンス…少々
コーンスターチ…18g
アーモンド(スライス)…6g
ブルーベリー…12粒
キイチゴ…12粒
ミントの葉…6枚
シナモンパウダー…少々

作り方

1. アーモンドスライスは、15分ほど茹でてザルにあけ、冷ましておく。
2. カップに、1と、水洗いして刻んだオレンジピールを入れる。
3. 鍋に牛乳、砂糖、水溶きしたコーンスターチを入れて火にかけ、絶えずかき混ぜながら、適度な濃度がついてきたらアーモンドエッセンスを入れ、2に流し込む。粗熱が取れたら、冷蔵庫で冷やし固める。
4. 固まったら取り出し、フルーツ類を飾り、シナモンパウダーをふり、ミントの葉を飾る。

ドルチェ

クルミのジェラート

クルミを加えたジェラートを作り、くるみの殻に詰めた可愛いジェラートです。
氷を詰めた器にのせてスプーンと共にテーブルに出し、好きな個数を楽しめるようにします。(谷本)

材料

10人分
クルミのホール…10個
クルミの実(渋皮を取ったもの)…30g
アマレッティ…5個
生クリーム…150cc
ノチェッロ(クルミのリキュール)…25cc
粉砂糖…30g

作り方

1 クルミは殻を二つに割り、実を取り出して渋皮を取っておく。殻は取っておく。
2 1の実は、潰したアマレッティ、砂糖、ノチェッロを入れて、フードプロセッサーで細かくすりつぶす。
3 ボールに生クリームを入れて八分立てにし、2を混ぜ合わせ、1のクルミの殻に詰め、閉じ合わせて冷凍庫で凍らせる。

松の実とチーズのトルタ

松の実を入れたチーズケーキです。食感がふわふわで食べやすく、日持ちもするケーキですので、ドルチェの盛り合わせの一品として作っておくと、バリエーションを高められて重宝します。（谷本）

材料

21cm台1台
クリームチーズ…300g
バター…160g
卵黄…7個分
グラニュー糖…200g
強力粉…80g
生クリーム…250cc
卵白…7個
レモン…1個
リモンチェッロ…50cc
バニラビーンズ…1/2本
松の実…適量

作り方

1 クリームチーズとバターは常温に戻し、ポマード状に混ぜ合わせる。
2 卵黄とグラニュー糖100g、鞘から出したバニラビーンズをボールに入れ、白くなるまですり混ぜる。
3 1と2を合わせ、小麦粉を加えて混ぜ、次に生クリームを加えて混ぜ合わせる。
4 別ボールで、卵白とグラニュー糖100gでしっかりとしたメレンゲを作る。
5 3に4のメレンゲ1/2量とレモン1個分のすりおろした皮とレモン汁、リモンチェッロを混ぜ合わせ、残りのメレンゲを入れて泡を潰さないようにざっくりと混ぜる。
6 型の底と回りにクッキングシートを敷き、5を流し入れて上に松の実をちらす。
7 160℃の温めたオーブンで、湯煎をしながら約90分焼き上げ、湯煎のまま冷ます。
8 型から取り出し、粉糖をかける。

ドルチェ

アルトゥージ博士風カッサータ

カッサータは、シチリア生まれの氷菓。今ではイタリア全土で見られるお菓子です。中でもリコッタで作るのが、アルトゥージ博士風です。ここではみじん切りのフルーツやチョコレートを入れて固めました。（今井）

材料

リコッタ…600g
グラニュー糖…150g
フルーツのシロップ煮（洋梨の缶詰。小角切り）…150g
オレンジピール（粗みじん切り）…50g
クーベルチュールチョコレート（粗みじん切り）…80g
生クリーム…300g
板ゼラチン…8g
サンブーカ…5cc

作り方

1 板ゼラチンは、水（分量外）に浸けてふやかし、サンブーカに入れ、ラップして湯煎にかけて溶かす。
2 リコッタは裏漉ししてボールに入れ、グラニュー糖と合わせる。
3 フルーツのシロップ煮、オレンジピール、チョコレートを**2**と合わせ、**1**を加えよく混ぜる。
4 生クリームは六分立てにし、**3**に加えて丁寧に混ぜ合わせ、プリンカップに入れ、冷蔵庫で冷やし固める。

ババロアの木苺のクレーマ添え

以前、イタリアに行ったとき、バールで食べたドルチェです。ブランデーの風味をきかせるところがポイントで、さらにフランボワーズのソースとババロアが二層になっています。(今井)

材料

- フランボワーズ(ソース用)…350g
- イチゴのジャム…100g
- フランボワーズリキュール…15cc
- 生クリーム(ババロア用)…150g
- グラニュー糖…80g
- 板ゼラチン…12g
- ブランデー…30cc
- 牛乳…350cc
- 生クリーム(飾り用)…適量
- フランボワーズ(飾り用)…適量
- カラメル…適量

作り方

1. ソースを作る。フランボワーズ、イチゴのジャムとフランボワーズリキュールをミキサーに入れて回す。
2. ババロアを作る。板ゼラチンは水(分量外)でふやかしてブランデーに入れ、ラップをして湯煎にかけて溶かす。
3. 牛乳にグラニュー糖の半量を入れ、火にかけて溶かす。溶けたら火からおろし**2**を加えて溶かす。
4. 生クリームと残りのグラニュー糖を合わせて六分立てにし、3に加えて丁寧に混ぜ合わせる。
5. グラスに**1**を流し、**4**を混ざらないように流し込み、冷蔵庫で冷やす。
6. ババロアが固まったら、上にカラメルをたらし、生クリームを八分立てにして絞り、フランボワーズを飾る。

食材のテクニック（フルーツと野菜の細工切り）

ねずみ

材料 ラディッシュ、チーズ

作り方

ラディッシュは、薄くスライスして耳の部分を作る。根は細い部分を2〜3cm長さにカットし、ヒゲとする。茎が出ているところを切り取って鼻に見立て、その両脇に楊枝で2か所穴を開けてヒゲを差し込む。頭から1/4のところに切り込みを入れて耳を差し込む。楊枝を折って差し込み、黒く塗って目にする。チーズと共に飾ると雰囲気が出る。

ペンギン

材料 なす、人参

作り方

大きめのなすを使い、座りがいいように下の部分をカットする。カットした部分で足を作る。写真のようにペンギンに見立てて皮を切り取り、足を楊枝で留める。目に見立てて、丸くカットした人参を楊枝で留め、楊枝を黒く塗る。

きのこ

材料 ラディッシュ、パスタ

作り方

ラディッシュは、根のついている方を傘に見立て、上から1/4のところにぐるりと切り込みを入れ、残りの皮をむく。赤い傘の部分は丸くくり抜いて模様とする。細いパスタを束ねて揚げて籠に見立て、中にラディッシュの茸を入れる。

鴨の雄・雌

材料 リンゴ

作り方

リンゴは底の部分を厚めに切り取り、それで頭部を作る。雄は頭を大きく、雌は首を長く作る。残りは縁を残して対角線上に櫛型に切り取り、櫛形に切った部分に切り込みを入れ、羽根になる部分を作る。それぞれは変色しないよう塩水に放っておく。鴨に見立てて組み立てる。

イタリアのパーティーでは、野菜やフルーツを用いた、可愛らしくユニークな細工切りが料理を彩り、その場を盛り上げるのに役立っています。遊び心たっぷりの細工切りの数々を紹介しましょう。専用の小型ナイフを用意しておくと便利です。（谷本）

ひつじ

材料

なす、カリフラワー、人参、ラディッシュ、ブドウ

作り方

なすは安定させるために底になる部分を切り取り、切り取った部分をしゃもじ形に抜いて手に見立て、胴体に楊枝で留める。カリフラワーは顔の部分を残して全面に楊枝で留める。人参は写真の形に切って口に、スライスしたラディッシュとブドウは目に見立てて楊枝で留め、楊枝を黒く塗る。

トナカイ

材料

じゃが芋、生姜、プチトマト、ラディッシュ、唐辛子

作り方

生姜は耳に、プチトマトを鼻に、スライスしたラディッシュと唐辛子のヘタを目に見立ててじゃが芋に楊枝で留める。

オットセイの親子

材料

じゃが芋、ラディッシュ、丁子

作り方

じゃが芋は、手や足の部分もつけて落花生のような形に切り出す。丁子を刺して目と鼻に見立てる。親の方は、ラディッシュの根を髭に、楊枝を牙に見立てて刺し、ラディッシュをボールに見立てて楊枝で留める。

フクロウ

材料

なす、マッシュルーム、人参、ピーマン

作り方

なすはヘタの部分から横に切り取る。ヘタは縦半分に切って足に、残りは胴体にする。胴体は切れ目を入れて手と羽根になる部分を作る。スライスしたマッシュルームを楊枝で留めて目とし、細く切った人参を口ばしに見立てる。ピーマンを耳に見立てて飾る。

白鳥の雄

材料

ハネジューメロン

作り方

ハネジューメロンは、底になる部分を切り取り、それで頭部を作る。残った部分は胴体に見立て、上に来る部分と両側面それぞれに2箇所の計5箇所を櫛型に切り取り、切り込みを入れて羽根になる部分を作る。それぞれを組み立てて白鳥に見立てる。

七面鳥

材料

リンゴ

作り方

リンゴは底になる部分を切り取り、それを頭部の形に切り取る。残った胴体の部分は、ヘタの部分を1cm厚さほどに輪切りにし、その縁に沿って三角に切り取り、切り取った部分は逆にして写真のように切った跡に差し込み、尾羽根にする。尾羽根は胴体に楊枝で留める。胴体は側面を四角くくり抜いて羽根の形に切り取り、くり抜いたところにはめ込む。残ったリンゴから3cm長さほどの皮を切り取り、頭部のくちばしの下に楊枝で留め、胴体に差し込む。

白鳥の雄・雌

材料

ハネジューメロン、かぼちゃメロン、ベリー類

作り方

ハネジューメロンとかぼちゃメロンは、安定させるため底の部分を切り取り、写真のように白鳥の形に見立ててくり抜き、中の種を取り除いて籠にする。中にベリー類を入れる。

雄鶏

材料

メロン、プチかぼちゃ、赤ピーマン、唐辛子、豆

作り方

メロンは安定させるため底の部分を切り取り、胴体にする。切り取った部分は一部を櫛型に切って尾羽根を作る。残りの部分は頭部を作り、ピーマンで鶏冠を、唐辛子のヘタで目を、唐辛子の先端で口ばしを作る。胴体に穴を開けて尾と頭部を差し込み、半分に切ったプチかぼちゃを羽根に見立てて楊枝で留める。豆などと一緒に飾ると、雰囲気が出る。

キャンドル

材料

グリーンアスパラ、大根、オレンジ、ラディッシュ、イタリアンパセリ、なすの皮

作り方

グリーンアスパラは、穂先を少し残して大根のかつらむきを巻き、キャンドルに見立てる。オレンジを半分にカットし、底からグリーンアスパラを楊枝で留め、他の材料を飾る。

著者略歴
p r o f i l e

谷本英雄（たにもと・ひでお）

東京のレストランで修業後、シェフに就任。1987年に渡伊。北イタリアを中心に、アルトクラッセのリストランテや4つ星、5つ星ホテルで調理技術、経験を深める。帰国後に『イザベラ・ディ・フェエラーラ』をオープン。プロ向け料理講習会に講師として活躍し、イタリア料理の普及と美食の探求に努める。現在はその時の経験を活かし、食品卸、食品開発や商品・メニュー開発、イタリアでの料理研修の企画、開店プロデュースを手掛ける。㈲タニコーポレーション代表取締役。アルトゥージ司厨士協会日本本部会長、イタリア・FIC司厨士協会会員。

今井　寿（いまい・ひさし）

ホテル、有名店での修業後、「リストランテ・ドンタリアン」「オステリア・イル・ピッチョーネ」でシェフを、「オステリア・ラ・ピリカ」総料理長を経て、2013年に『タベルナ・アイ』を開業。2016年には2号店を出店。イタリアでは店の厨房だけでなく家庭にも入ってマンマの味を研究。イタリアの家庭に代々伝わる郷土料理を得意とする。プロ向け料理講習会講師のほか、雑誌やテレビでも活躍中。アルトゥージ司厨士協会日本本部副会長、全日本司厨士協会会員、東京誠心調理師専門学校イタリア料理特別実習講師、日本イタリア料理協会会員。

『Taverna I本店』
住所／東京都文京区関口3-18-4
電話／03-6912-0780
HP／http://www.taverna-i.com/
営業時間／11:30〜14:00L.O.、17:30〜21:30L.O.
　　　　　（土曜日・日曜日・祝日は12:00〜21:30L.O.）
定休日／火曜日（祝日の場合は翌日に振り替え）

『Taverna I不動前店』
住所／東京都品川区西五反田5-9-5
　　　アーバンヒルズ不動前地下1階
電話／03-6417-0350
営業時間／11:30〜14:30L.O.、18:00〜21:30
　　　　　（土曜日・日曜日・祝日は12:00〜）
定休日／月曜日（祝日の場合は翌日に振り替え）

基本の調理技術から、応用の考え方まで。
本格イタリア料理の技術

発行日　平成29年7月28日初版発行

著　者　　谷本英雄　　今井　寿
　　　　　たにもとひでお　いまいひさし

発行者　早嶋　茂
制作者　永瀬　正人
発行所　株式会社旭屋出版
　　　　〒107-0052
　　　　東京都港区赤坂1-7-19　キャピタル赤坂ビル8階
　　　　郵便振替　00150-1-19572
　　　　販売部 TEL 03(3560)9065　　FAX 03(3560)9071
　　　　編集部 TEL 03(3560)9066　　FAX 03(3560)9073

旭屋出版ホームページ　http://www.asahiya-jp.com

本書は、旭屋出版MOOK「本格派イタリア料理　プロの調理技術」(平成18年刊)に追加撮影し、再編集・構成、改題し書籍化したものです。

デザイン　　　VAriant design
印刷・製本　　㈱シナノ パブリッシング プレス

※許可なく転載、複写ならびにweb上での使用を禁じます。
※落丁、乱丁本はお取替えします。
※定価はカバーにあります。

Ⓒ Hideo Tanimoto/Hisashi Imai,2017
ISBN 978-4-7511-1291-5 C2077
Printed in Japan